JN006679

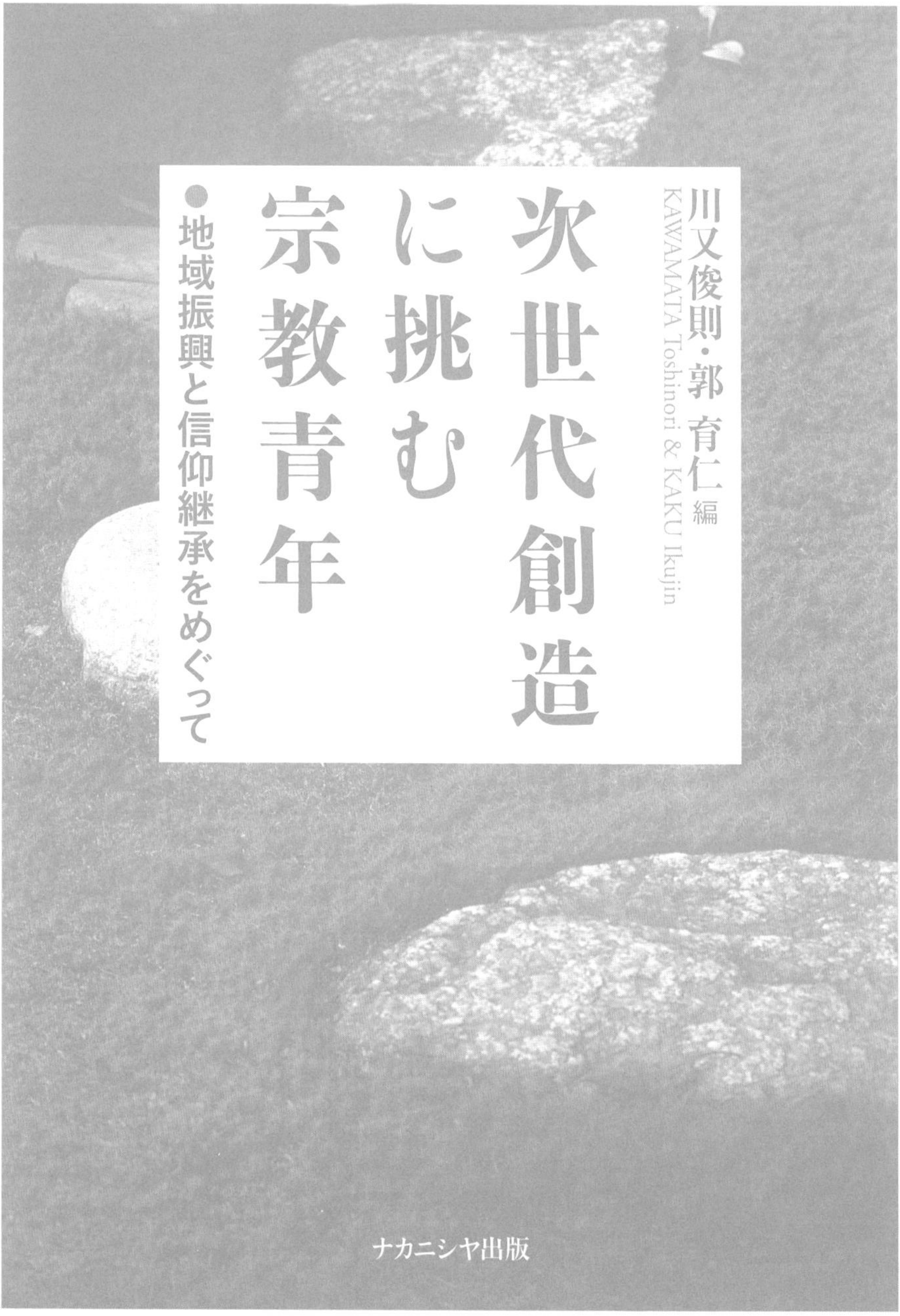

次世代創造に挑む宗教青年

●地域振興と信仰継承をめぐって

川又俊則・郭 育仁 編
KAWAMATA Toshinori & KAKU Ikujin

ナカニシヤ出版

次世代創造に挑む宗教青年——地域振興と信仰継承をめぐって——　＊　目次

第Ⅱ部　移動と越境から宗教文化を見つめ直す

次世代創造に挑む宗教青年——地域振興と信仰継承をめぐって——

序章　人口減少時代における宗教集団と地方創生の可能性

川又俊則・郭育仁

1　はじめに

ウィズコロナの現在、日本では人口減少がますます進んでいる。二〇二三年二月に厚生労働省は、前年の国内出生数が八〇万人を下回ったと発表した。同年四月に総務省は、前年十月の統計によれば、東京都以外すべての道府県は人口が減少し、総計では十二年連続減少だと発表した。上記発表の後、人口減少に関して危機感を煽る報道が数多く見られた。ピーク時（二〇〇八年）に一億三千万人弱だった日本の総人口は、二〇六五年までに約九〇〇〇万人に減少し、高齢化率も約四〇%となると予測されている[1]。これに対し、人口減少を食い止める地方創生の政策が何度も議論されている。企業等の誘致、新たな産業の創出、中学生までの医療費無料、移住促進など様々な施策が、多くの自治体で実施され、出生数が死亡数を上回る自然増と、流出数より流入数が上回る社会増による人口増加が目指された。市区町村単位で考えると、流山市や明石市などそれらが奏功したところもある。

しかし、ほとんどは人口減少を食い止められていない。そのため、人口減少と地域社会の衰退あるいは消滅などが結びつけられ、様々なマス・メディアや業界等々で縷々《るる》論じられている。

筆者らが知る限りにおいて、これらの議論や施策には、寺院や神社など宗教集団の存在を意識し、活かす提案は見当たらない。筆者らが1章以降で述べていくように、地域活性化のために様々な宗教集団が多様な取り組みを行っていたにもかかわらず、である。

二〇〇六年に改正・施行された教育基本法の第十五条は宗教教育のことが述べられている。この改正では、「宗教に関する一般的な教養」が教育上尊重されなければならないと追記された。その後約二十年経つが、義務教育などで宗教を明確に学んだと言える人はどれだけいるだろうか。二二年夏以降の状況でもわかるように、宗教に対してマス・メディアは、目立つマイナス要因を報じるばかりだ。頻発する自然災害に際し、多くの宗教者たちが積極的に救援・支援活動をしてきたことや、死を目の前にした人びとが宗教者の看取りなどを通じて安らかにそのときを迎えられたなどということは、報じられねば一般の人びとは知る機会もない。

信仰を持つ者が二〜三割という現代日本において、宗教集団はマイノリティ（少数派）である。マジョリティ（多数派）が注目しなければ実態はわからない。しかし、宗教集団も日本社会に存在している以上、人口減少の影響は大きく受けている。本書は宗教集団および信仰を持つ人びとやその周辺の動向を論じていく。

日本の産業構造は、第二次世界大戦および高度経済成長期を経て、大きく転換した。農山漁村から都市部への人口移動による急激な社会減もあったが、存続できていた農山漁村に対して、「強くて弱い」という評価もある［小田切 二〇一四］。その農山漁村で存続してきた伝統宗教集団も、同じく強くて弱い存在といえるだろう。この視点を持つ本書の筆者らは、地域社会の一組織として宗教集団に着目した。すると、単純な衰退や消滅という方向性だけではなく、継承と創造の可能性も考えられるとの考えに至った。本書の第Ⅰ部では伝統的な宗教集団の取り組みが扱われる。他方、第Ⅱ部では移動と言語を手がかりに、アジア諸国と日本の宗教的交渉に着目し、考察を深める。この継承と創造という発想は、海外の研究動向を見ても、決して無理なことではない。たとえば、アメリカの過疎研究では、地元密着型のキリスト教会が安定する実態が報告され、欧米の新宗教において、信者の高齢化と信仰継承の課題が問われ続けている(2)。

地域創生あるいは地域振興という視点に立つと、宗教は、外部から観光者を呼び寄せる伝統文化、あるいは年中行事や人生儀礼の提供者に過ぎないとみなされるかもしれない。しかし、そう単純でもない。地域社会に生きる人びとのライフコースで必要なものとして宗教を改めて見直してみる。すると、宗教が人生において一過性のものではなく、しばしば重要な要素を持つものとして位置づけられることもあることがわかる。そしてそれゆえに、地域社会において必要な、持続可能な集団の一つだとみなされ得るのだ。

本書各章では、信仰や宗教集団に関する具体的な事例をもとにした考察が示されている。それらをごく簡単にまとめると、「地域活性化のヒントの提示」と言える内容ということになる。そして、それこそが、人口減少時代、少子高齢社会である現代において必要な知見ではないだろうか。

2　地域社会で宗教集団から見出せること

地域社会の考察で宗教の視点を導入することに意味があると述べた。それでは宗教集団のどこに注目すれば、先の課題に応えられるだろうか。まず、地域社会に根差している寺院や神社などの伝統宗教は、地域の人びとから長く信頼されてきた存在とみなせよう。年中行事や人生儀礼、あるいは回忌法要などを通じて、地域の人びととこれらの集団は、定期的に関わりを持ってきた。その地域から首都圏などへ他出した人とも関係を継続し、その後、Uターンで地元に戻る人が、これらの宗教集団に再度つながることもあった。これら集団の現代の動向を見ることは重要である。

このように地域社会に埋め込まれた神道・仏教と比べると、キリスト教や新宗教などは、地域社会から自立した存在とみなせるかもしれない。社会が流動化しているなかで、地域社会の活性化にとって、このような外来の宗教資源はいかに有効だろうか。宗教社会学において、キリスト教などが「外来宗教の土着化」というテーマで研究されていた[3]。「土着化のその後」に着目したものはあまりない。そうすると、キリスト教や新宗教などにおける現代の活動実態を考察することは、「土着化のその後」を見出すことになる。そして、それらと神道・仏教との異同比較ができれば、地域活性化のよりよい効果の議論が深まる。さらに、地域と宗教集団の関係の重層性をより明確に示せるだろう。

他方、住職や宮司など、一人ひとりの宗教者に着目することも大切である。たとえば、青年宗教者が所属寺院・神社・教会などの活動にとどまらず、地域社会に定着して、宗教集団以外の人びととともに様々な活動することは、同世代との連携を生み、それらの人びとが地域ネットワーク拠点となることもある。

そもそも、宗教者は地域社会で外の地域と内の集団を結びつける結節点となるケースが多い。過疎地域で、人口維持や地域ネットワークを広げるようなことは困難だが、できなくはない。そのときに、宗教者が地域の人びとの一人として力を発揮することは、筆者らのフィールドワークのなかで、事例として多く見聞してきた。

もう一つ考えておきたいのは、地域内における教育である。かつての日本社会では、家庭や地域社会が社会教育の機能を持っていた。人口移動が頻繁でなかった時代（おおよそ高度経済成長期以前）、全国の農山漁村には、青年団などの年齢階梯制に基づく集団が機能し、地域のしきたりや付き合いなど、現代、「社会人基礎力」といわれるようなことが学ばれていた。農山漁村等には、類似だが独自の名前の付いた年齢集団が多数存在し、若者はそれを経験して成長していった。現在でも、鳥羽市答志島の寝屋制度など維持されているところもわずかにある［川又 二〇一四］。だがそれは例外で、ほとんどの地域社会では、産業構造の変化や若年層の都市移動により、年齢階梯制がかつてのような形では存続できていない。それらは、民俗、あるいは記録や記憶にのみ残されているだけだ。

伝統的宗教集団はこどもたちに活動の場を提供し、青年宗教者は自ら学ぶ場を地域の人びととともに作っている。仏教・神道・講（民俗宗教・仏教）、およびキリスト教・新宗教などには、いわゆる宗教青年会もしくはその類似組織があり、それらが集団内で宗教者の成長に機能している。集団内で様々な経験を積むことで、宗教者としての実力をつけ、宗教集団の維持に貢献していく。このような宗教集団が行ってきた宗教者、一般の檀信徒や氏子・信者への信仰継承のあり方を、筆者は「次世代教化システム」と名づけている（第1章参照）。

他方、企業などで「ＯＪＴ（On-the-Job Training）」の機能、すなわち、上司・先輩などが部下・後輩を、実際の仕事を通じて教育し育てるシステムを有するところも少なくない。宗教集団の宗教青年会などはそれに近い仕組みを持っている。

もちろん、宗教集団は、教義など宗教ゆえの部分も見出される。それを分別し、他の世俗的な集団にも参照可能な内容は抽出可能である。それを示すことにより、宗教集団における年齢階梯制の地域形成力とでも言うべき存在価値が見出されるだろう。

それぞれの組織にはシステム化とメンバーのなかで軸となる数人が必要だ。そして、それがあれば、長年の維持可能性は示されている。それを、各章で議論している。地域社会の様々な継承は「次世代教化システム」を利用することで可能になるのではないだろうか。明治・大正期の仏教青年会や、宗教系大学の歴史的展開は思想史的観点で従来から注目され、研究成果も多い。だが、約二十年にわたって同世代の団体に所属し多様な役割を果たしていく現代の宗教青年会の経験に言及した論考はあまりない。

さらに、現在のウィズコロナともいえるような状況でも、彼・彼女らの実践力は大いに期待できる。青年宗教者およびその成長につながる宗教青年会や類似集団に、本書各章は着目している。ウィズコロナのなかで、青年宗教者たちによる新たな教化活動が、信者等へ浸透し、それは宗教集団の活性化につながり、地域の人びとと宗教集団との交流は、地域外の人びとに広がって、地域を大いに活性化させている。筆者らは本書で様々なことを論究しているが、この調査は現在進行形で続けている(4)。

3　地方創生に宗教文化の果たす役割

地方創生元年の二〇一五年はわが国の地域開発が新たな局面を迎えた年である。人口減少・東京一極集中・地域経済という三つの課題解決を総合的に取り組む「まち・ひと・しごと創生長期ビジョン」が提示された。これまでの地域振興や観光振興の諸説は、高度経済成長の挫折ないしバブル期の乱開発への反省として、地域の特性を活かした諸施策の目的・ビジョンを言及する際、「住んでよし、訪れてよし」にとどまっている傾向にあった。今回の地域創生ビジョンには、「しごと」が盛り込まれ、さらにその深化のために「稼ぐ力」が謳われていた。人手不足と消費拡大課題の解消を図り、地域経済の持続可能性をここに見出そうとしている。また、新たな「圏域づくり」等において従来の公共・福祉サービスの維持を含み、自立したコミュニティビジネスが不可欠だとされる。

二〇一六年以降は「自助の精神」、そして第二期となる二〇一九年からは「地方とのつながりの構築」を通して関係人口の創出、コロナ禍の最中だった二〇二一年に「ヒューマン」の視点が新たに取り入れられ、人材誘致に力を入れていることがわかった。

ところが、このビジョンにおいても、前述したように宗教または宗教文化の役割については触れられていない。「稼ぐ力」や「コミュニティビジネス」といった文言は宗教に関わる言説や社会通念では避けられてきたが、自助の精神、外部とのつながりの構築、人材・情報の集積などはむしろ、宗教の得意分野ではないか。弱くて強い現代宗教こそ、流動化する社会を生き抜くヒントを教えてくれる。

さて、現代宗教が直面する大きな課題を二つの側面から捉えることができる。集団の内と外である。内側では信仰の基盤となるコミュニティの崩壊や行事の担い手が不足している。外側には、人生儀礼や年中行事、広く社会福祉ないし余暇生活の対象といった側面から地域社会へのプレゼンスが求められている。それはいま述べたように信仰の基盤が弱体化し、社会全体が流動化していることに深く連関している。一概にいえないものの、人口減少時代に突入し、コロナ禍を経た今日において、伝統宗教はもちろん、キリストや新宗教等も同様に困難な局面を迎えている。無論、これらの問題は宗教分野のみで苦悩することではないようだ。地域創生もしくは地域の課題解決に向けた活性化策において、様々なセクターで議論・連携し、また実務レベルで協働することの必要性は論をまたない。

ただ、このような課題は決して新しいことではない。あるいは、現代を生きるわれわれはどのように向き合うか、一度、立ち止まって思考をめぐらすよい時がきた。

次の古典を手がかりに考えてみよう。

信心はすでに個人の事業となり、物忌もまた公共の利害と、交渉のないものとなりかかっていたのである。孤立した各郷土の信仰がこれによって半ば解体しつつも、同時に一方にはこれに代わって、もっと大きな全国的の統合が現れて来たことも、驚嘆に値する国民精神の一致ではあるが、そういう激変の数百年を重ねて、なお以前の祭と物忌みの方式を、幽かながらも持ち伝えている土地が、何箇所となく国内にあるというもの、これに劣らぬくらいに昔懐かしくまた嬉しい事実である。今日、この信仰上の遠心力と名づくべきものを少しも計算に入れない学説が、建ててはまた崩されているのである。(5)（初出一九四二年）［柳田 一九九〇］

これは明治・大正・昭和戦後の半ばまで日本社会（とりわけ、日本人の生活・経済史）を凝視した民俗学者・柳田國男による大学講義録「日本の祭」の一節であった。一九四一年（昭和十六）時の東京帝国大学で主に理工農医の学生を想定した教養教育に用いられたものである。講師として招かれた柳田は、講義への動機について次のように語った［柳田 一九九〇：二一七］。

最初にそれを告白しておく方が便利と思うが、手短かにいうと我々お互いには「それはまだ気付かずにいた」と言わねばならぬことが幾つもある。(6)

まだ気づかずにいた物事の多くは実は身近にあり、過去からの歴史産物として続いてきたのである。もちろん、変化・変遷することがあるなか、変わらずにいたものがある。平たくいえば、暮らしのなかから当該地域らしい生き方への気づき、そして今日に至るまでの改善・改変に見る人びとの取捨選択について歴史のそれが役に立つのだ。それは「史心」と柳田によって示されている。

さて、現代、地方創生の流れにおいて、宗教文化の果たす役割を描くのであれば、先ほどの柳田のいう「史心」の涵養に加えて、信仰継承と地域振興という二つの「しんこう」の狭間において変化・変革を促す民の力に注視してみたい。

社会変動により宗教を支えるコミュニティ・集団の共同性が崩れ、個々の都合による信仰活動が盛んになったという柳田の指摘は、現代にも通底する部分がある。脱中心的で独自の風習を守り伝える地域の存在は貴重である。他方、生活と信仰の輪郭の改変が進んでいるのもまた確かなことである。信仰対象に向かって祈りを捧げるという暮らしの営為は時を超えて共有されることだと理解して差し支えはないだろう。

崩れていく関係性の修復に向かう地域もあれば、新たに結ばれたネットワークもある。地域の共同体は多層的である[7]［内山 二〇二二］。多層的に形成された関係性のもとで引き起こる化学反応が地域の閉塞感を打開してくれるかもしれない。そこに生きる、結節点としての宗教・宗教者も含む地域住民は、受身的な存在ではなく、能動的に現状改善・改良の何かを生み出すことも可能なのである。コロナ禍の最中だったころの、オンライン集会・オンライン説教からその一端を垣間見られるのではないか。あるいは、寺社仏閣の賽銭《さいせん》等についても同様、非接触型の措置が取られていたが、コロナ禍からサインアウトしようとする今後は、元に戻す動きは起きるのか。

賛否両論はあるが、親しみ慣れた事物に対し、（場合によって挫折からの再出発から）新たな慣習の形成に向かうには往々にして、時間がかかるほか、通常より大きな努力を要することが多いのだろう。宗教文化もそうであるように、いつからが原型というのが難しく、むしろ現代に受容され、それを語り伝え、体現しつづける宗教青年たちの創造的な活動を通して今を生きる幸せ・ウェルビーイングがみつかる。その創造的な営為に触れたくて訪れる人びとを信者もしくは参拝客と扱うかどうかは、話者の立場に委ねられるが、色々な意味で宗教の場は本来開かれたものであることが今一度確認されなければならない。

では、地方創生における観光と宗教文化はどう捉えるべきか。「稼ぐ力」や「コミュニティビジネス」と関連づけて語ることを、筆者も含むわれわれは避けてきた。ある意味、これまでの宗教生活のなかで信心に基づく

「奉仕」ということで、良き薫陶を受けてきたといえよう。しかし一方において、人口減少と地域経済の縮小により、「奉仕」が困難となり、または消失してしまうおそれがある。定常型社会において、宗教文化の有形無形を問わず、拡張や拡大とまでは望まれずとも、維持するか、しないかというシンプルな選択問題をゆっくり時間をかけて思慮することがこの時代の生き方なのかもしれない。反対に、先手を打って決断と実行に突き進んだところはやがて、打たれる杭が出なくなることもある。最初は非難されたりして、事が上手く運ばれてから、発案者の思いに対する支持・支援が広がり、またブラッシュアップされ次第に定着していく例もある。

維持というのは、祭祀行事だけではなく、宗教施設や信仰行事のそれを支える宗教関係者や従業員とその家族のことも視野に入れて考える必要がある。もちろん、現代にも宗教指導者が不在でも維持できている行事が存在するのも事実である。しかしそれは、その背後に担い手の経済基盤があるからである。

宗教文化自体の客体化と主体化についての問題である。この点はちょうど近頃宗教研究で注目される宗教文化の資源化の命題にも符合すると考える。観光資源として認識された宗教文化、または、宗教文化の資源化において、ホスト・ゲストの間に生まれたのはギャップなのか、共感なのかそれによって導かれた答えも変わる。宗教文化の創造活動によって得られた浄財や蓄えはどのように使われたか。次世代の育成も含め、特に災害の多い日本列島では、多くの社会事業の事例から当事者らの良知に触れるのは難しいことではない。

さらに焦点を絞って、宗教文化の担い手である宗教青年たちは観光事業についてどう考えるか。この点について、わが国の観光政策の現代史を通して見てみよう。

地方創生策に先行して、観光立国宣言を契機に、高度経済成長期の最中で成立した「観光基本法」（一九六三年）が四十数年ぶりに見直され、観光立国推進基本法として二〇〇七年に施行された。第一章総則のなかに「住民の役割」と「観光事業者の努力」とが新たに示された。

第五条　住民は、観光立国の意義に対する理解を深め、魅力ある観光地の形成に積極的な役割を果たすよう努めるものとする。

第六条　観光に関する事業を営む者（以下、観光事業者という。）は、その事業活動を行うに際しては、住民の福祉に配慮するとともに、観光立国の実現に主体的に取り組むよう努めるものとする。（傍点、筆者）

観光事業の対象は広く、地域の生活や文化にも関わっており、訪れてよし住んでよしの地域社会の実現に住民の役割があるのは確かである。そのうえ、住民の福祉を配慮した観光事業の指針もまた戦後の地域・観光開発史から得られた要諦であると考えたい。今回の法改正に携わって、また一般向けの解説を担った盛山正仁は次のように述べた［盛山 二〇一〇］。

このため、観光事業者は、観光旅行者に対する良質なサービスを提供するという重要な役割を担っていることにかんがみ、その事業活動を行うに際しては、観光立国の実現に主体的に取り組むよう努めるものと新たに規定したところである。(8)

したがって、宗教文化を動かす観光事業者は——商品としてのサービスではないとしても——、主体性をもって知識・知恵を絞って着実な継承・教化活動を継続していることは的確に評価されなければならないと考える。その評価において、観光入り込み客数や経済効果は注目されがちであるが、目に見えないもの、数字で評価しきれない効果がある。筆者（郭）はいつも〝元気を戴く〟と説明している。そこに携わる者に明日も頑張るという力を与える側面もあるに違いない。

さて、百年先を見据えた宗教文化の継承と育成のための、地域から積み上げる次世代創造は各地で考案され、展開されている。本書各章はその一端を示している。先進例や成功例ではなく、先を進んだ者からの経験や手本を通して、多様な宗教文化の継承と再創造の一助となることを願いつつ、本節を閉じる。

4　おわりに

初学者や一般読者を念頭に、本書は平易な記述に努めると同時に、「今すぐに知りたいあの地域・集団の話」というニーズにも応えている。宗教社会全般のバランスを考え、可能な限り伝統宗教と、移動・越境という現代社会の実態を伴った外来・新宗教の主たる分野を配置した。それぞれのタイトルから選んで読んでいただいてもよいように記述している。読者はさらに、各章のなかのキーワードを手掛かりに、他分野における宗教社会の実態と比較参照しながら、理解を深めることができる。

たとえば、「コロナ」という言葉の消費期限が近づいているように思われる。しかし、コロナ禍の難局にこそ、各地の宗教青年たちがなすべきことを通して、生きた宗教の姿を見せてくれたことは忘れるまい。情報化社会の産物の一つ、SNS（ソーシャルネットワーキングサービス）を通じて、横のつながりを生んだ民俗宗教・御嶽講の「助教《すけきょう》」は第2章、日韓のキリスト教をまたいで「動く」信者・韓国人ニューカマーによる社会的空間の再構成は第6章、それぞれ伝統宗教と外来宗教において一定の普遍性と特殊性を見出している。

宗教青年と地域社会の関わりについては、神社神道は第3、4章、新宗教は第5章、多元的な社会・台湾を通してキリスト教の世代交代を見つめた第7章を通して学ぶことができる。

従来、地域社会との親和性が高いとされる神社神道においては、神道青年全国協議会の協力を得た実態調査の結果から、今後を展望する知見を提示している（3章）。もう一つは、宗教の社会的協育と観光振興を考察したものである（4章）。

観光もそうであるが、宗教においては「第三の場所」の意義が問われる。それについて、日常の集まりを重視する新宗教を通して、サードプレイスへやや野心的な試論が実務研究者によってなされている。

第6章で見る日本への越境と相対的に、第7章は、海外・台湾へ移動した日本人キリスト教信者の信仰継承活動とその延長線上にある多言語社会において、プロテスタント教会・長老教会を例にエスニック・アイデンティティがどのように受け継がれていくかをみる。このほか、各章の間にコラムを導入し、各宗教分野の実務経験から、継承・創造活動のリアリティーを伝えている。

冒頭で問題提起したように、地域の創生に伝統宗教・外来宗教を活かす提案がみられない。そしてそれを踏まえ、各章においては宗教と地域社会の幸せを導くヒントを提示できたならば、人びとの手による「宗教の文化政策」の土壌が今はできつつあるといえる。そのための要諦について、終章を通して改めて咀嚼しなければならないだろう。

本書全編が拠り所としている「次世代教化システム」がその土台となる。詳細は次章・第1章に委ねるが、抽象的な概念を避けるためにも、寺院と仏教青年の時代史を概観しつつ、宗教関係者の間の切磋琢磨が必要とされ、地域の老若男女とともに「教化」の形を見つめ直すことがますます、現代に求められる。

＊本書は、科学研究費補助金・基盤研究C「伝統宗教の「次世代教化システム」の継承と創造による地域社会の活性化」（17K02243）の成果の一部である。本章は、前半（はじめに、地域社会）を川又が、後半（地方創生、おわりに）を郭が分担

した。

＊本書の第1～4章は、日本学術振興会科学研究費助成事業・基盤研究C（17K02243）報告書「伝統宗教の「次世代教化システム」の継承と創造による地域社会の活性化」掲載論文を基に全面的に改稿している。

（1）国立社会保障・人口問題研究所「日本の将来推計人口（平成二十九年推計）」二〇一七年。

（2）前者は、Robert, Wuthnow, 2005, "Depopulation and Rural Churches in Kansas.1950―1980,"*Great Plains Research : A Journal of Natural and Social Sciences*, 15（1）, 117－134、後者は、Eileen, Barker, 2011 "Ageing in New Religions : The Varieties of Later Experiences," *Diskus : The Journal of the British Association for the Study of Religions*, 12, 1－23 である。

（3）森岡清美「「外来宗教の土着化」をめぐる概念的整理」（『史潮』一〇九、一九七二年）五二－五七頁、吉野航一『沖縄社会とその宗教世界――外来宗教・スピリチュアリティ・地域振興』（榕樹書林、二〇一二年）、三木英「宗教的ニューカマーと地域社会――外来宗教はホスト社会といかなる関係を構築するのか」（『宗教研究』三七一、二〇一二年）四五－七〇頁などが、このテーマの代表的な先行研究である。

（4）筆者らは、科学研究費補助金・基盤研究B「宗教青年会による教化活動の継承と地域の創造――ウィズコロナ対応を視野に入れて」（21H00475）を実施している（二〇二一－二四年度）。

（5）柳田國男「日本の祭」『柳田國男全集十三』（筑摩書房、一九九〇年）三二三－三二四頁。

（6）同前、二一七頁。

（7）内山節『新しい共同体の思想とは』（一般社団法人農山漁村文化協会、二〇二一年）四七－四九頁。

（8）盛山正仁『観光政策と観光立国推進基本法』（株式会社エムエムコンサルティング、二〇一〇年）一〇二頁。

参考文献

小田切徳美『農山村は消滅しない』岩波新書、二〇一四年

川又俊則「地域社会で育む子どもの成長――答志の寝屋の母と父と子」小堀哲郎編『地域に生きる子どもたち』（創成社、二〇一四年）二〇四－二二四頁

第Ⅰ部　伝統宗教の挑戦

第1章　地域仏教青年会のなかで成長する僧侶たち

——次世代教化システムによる信仰継承の意義を考える——

川又俊則

1　「次世代教化システム」とは何か

(1) 教化とは何か

宗教界では、宗教実践の根本でもある布教・教化・伝道・宣教などの用語に関して、これまで様々な角度から論じられてきた[川又 二〇一五]。いずれも広義の意味としては、宗教の教えを広め、それを知らない人びとに伝えることである。仏教界では教化という表現が多く用いられている。仏教語に由来する「教導化益《きょうどうけやく》」の略語教化（きょうけ）と考えれば、「衆生を仏道へと教え導くこと」「人々を教え導いて仏道に入らせること」などと説明される。(1) 一方教化《きょうか》とは「教え導き、よい方向に向かわせること」「教え導いて善に進ませること」である。(2) 仏教界としての教化（きょうか）は、仏道へ教え導く教化（きょうけ）のことに他ならない。僧侶が檀信徒に対して仏道へ教え導く活動全般が教化である。檀信徒と日々向き合う僧侶は、葬儀・追善儀礼、恒例・臨時法要などに勤しむが、そのすべては教化活動とみなされる。寺院単位で対象別や目的別に作られている教化団体の実践も教化活動に該当する。

本書第3章を執筆した冬月は、神道の教化を論じている。このような議論では、教化者たる宗教者が被教化者たる信者を教化することが前提とされる。教化者は、各宗教集団が認定する養成機関で養成される。仏教だけでなく、神道・キリスト教・新宗教等でも基本的にほぼ同様の制度がある[3]。

(2) 次世代教化システムの定義

序章でも触れたが、「次世代教化システム」という語を説明しよう。筆者は、自らの信仰を次の世代へ伝える制度や組織は、各宗教に備えられていると考えている。それら、制度・組織などを広範囲に含めるものとして、次のように定義づけた。「現世代の宗教者・信者・一般の人びとが、次世代の人びとに対して行う宗教教育や布教・教化などの活動に関する制度、組織のこと」。教化者（宗教者）と被教化者（信者）を分別すべきとの意見もあろうが、後述（4節）するように、現代では様々な情報が教化者から被教化者へ一方向的に伝えられるばかりではなく、逆方向の動きもある。そうなると、両者を含んだ概念で議論することが有意義だと考え、いささか粗雑であるが、この概念を提唱するものである。

(3) 小中高等の教員と宗教教師の違い

各宗教でその宗教を教える資格を持ち、担当する専門職たる宗教者を宗教教師と呼ぶことにする。この宗教教師を養成している大学や神学校等は当然、次世代教化システムの一つである。また、宗教系中学校・高校で宗教教師養成を担っている学校もある。これも次世代教化システムに含まれる。ただし、宗教系中学校・高校に在籍する大半の生徒は、学校法人の母体たる宗教の信者ではない。したがって、これらの学校の「宗教」の授業は、信者ではない一般生徒向けに設定され、広く浅い宗教教育がなされている。宗教者養成ではなく、特定宗教もしくは宗教全般に親しみを持つ生徒を育てているのが実態である[4]。しかし、これらも、筆者の観点によれば次世代に向けた教化活動とみなせるため、同システムに含まれると考えてよいだろう。

小・中・高校等の教員は、教育基本法第九条に則り「絶えず研究と修養に励み」「職責の遂行に努め」ることが法律上義務化されている。初任者研修や中堅教諭等資質向上研修など必修の法定研修、教科指導・生徒指導等に関する研修など、教職経験・職能に応じた現職研修がある。他にも、自己研修・校内外の研修などがあり、現職者として、教育の制度・法律・実践・理論を常に学び続けていくことになる。二〇〇九－二二年には教員免許状更新講習制度があり、教員免許状の失効も制度化されていた。現在は、この制度は廃止され、より充実した現職研修の実施へと改編された。

これに対し、宗教教師の場合、上級職位取得のための研修や講習はあるものの、一般の教員のような経験年数や職位に応じた必修の現職研修は設定されていない。各宗派でそれぞれの教区における年一度などの現職研修はある。それ以外にも、教区内の青年会、地区研修会、住職研修会、目的別研修（御詠歌《ごえいか》、法話他）、さらに、寺族研修会、檀信徒の研修会、全国規模の宗派研修会もある。しかし、これらの研修は、たとえ不参加であっても宗教教師の資格は喪失しない。意欲的な宗教教師たちは個々に研鑽を積んでいるが、他職業を兼職している場合等の理由で参加できない人びとも少なからずいる。必修研修の少なさなどを総合的に考えると、一般の教員と比べ、宗教教師に対して各宗教における「現職研修」の位置づけは重いものとはいえない。

現実には僧侶となると、ただちに所属寺院の葬儀・法要の実施責任を負い、護持運営を任される。檀信徒とのコミュニケーションもすぐに始まる。住職のもとで後継者（副住職、徒弟等）としての研鑽の時期が確保されていればいいが、そうでない場合、心の準備の余裕すらない。全国各地の大多数の個別寺院に僧侶は一人もしくは数人しかおらず、関係の薄い他の宗教者たちへ、自らのことを相談することはできないだろう。

僧侶を「育てる」仕組みの一つとして、次節以降で述べるように、仏教青年会のような組織が、各宗派で都道府県などの地方組織や全国組織として設置されていることに筆者は着目した。この組織は、参加する人が二十年ほど後に「卒業」するという年齢階梯的な要素もある。若手僧侶時代を一般の教員の「初任」時期に相応すると考えるならば、仏教青年会に参加する意義は、「僧侶の現職研修」だからとも考えられる。

（4）信者を含む次世代教化システム

このような教化者を育てる宗教教師養成機関と（宗教青年会を含めた）現職研修だけではなく、筆者は、被教化者たる信仰を持つ人びとを教化する制度も「次世代教化システム」に含めてよいのではないかと考えている。たとえば、個別寺院にある婦人会・坐禅会などの教化団体は、これに該当するのではないだろうか。これらは、写経会・旅行会などの目的別組織と、こども会・壮年会などの年齢別組織に大きく分かれる。筆者は曹洞宗の教化団体について宗勢調査結果を分析したことがあるが[5]、檀信徒の個別組織への参加率は決して高いとはいえないものの、その効果は少なくないと思っている。それぞれの団体は毎年一回以上の行事を実施する。寺院の主たる構成メンバーである檀信徒が、その活動を通じて、寺院や僧侶らと結びつきを深めると同時に、所属寺院・宗派、もっといえば、仏教に対して親しみを持ち、学び、信仰を深めているのだ。たとえば、曹洞宗の梅花講（梅花流詠讃歌）は、鈴鉦を用いて仏讃歌を唱える実践をしている。唱える仏讃歌を学ぶうちに、曹洞宗の道元・瑩山《けいざん》両祖師のことを学び、さらに仏教全般へ関心を強く持つに至る。参加する前は熱心でなく檀信徒の一人として葬儀・法要にただ参加するだけだったと振り返る者が、この梅花講の活動を長く続けることで、寺院や宗派への帰属意識が高まり、次世代へその思いを伝えられたと自由回答に答えていた例がその傍証である［川又 二〇一九］。真言宗智山派の遍照講や浄土宗の吉水講など類似の教化団体は各宗派に見られる。このような教化活動は、若い檀信徒よりも高齢者が参加することが多い。梅花講などの目的別組織の参加者は、同時に婦人会のような年齢別組織でも積極的に関わっている。そのなかで、自らより若い世代に対し、自らの経験談を語ったり、梅花講のような実践を伴う活動で具体的な指導をしたりしている。このように、次世代を育成していくのは、その上の世代（現世代）なのである。

いま、大人の活動を見てきたが、こどもや青年に対する教化活動もある。寺院・教会が檀信徒や信者であるかどうかを問わず、地域のこどもたちに場所を提供してきた日曜学校やこども会などがその一例だ。寺院の夏季こども会を例に挙げると、寺院の本尊たる阿弥陀如来などのお絵描き、寺院の歴史を含めたお話、おつとめなど、仏教寺院ならではの内容が満載である。地域のこどもたちにとっては、夏の楽しみな行事の一つとして定着しており、僧侶側が着実にそれを続けてきた寺院などでは、三世代にわたって夏季こども会を経験してきたという話を筆者は調査地で聞いたことがある。このように、次世代を担う信者たちに対し、その前の世代が育てていく組織・集団およびこの制度自体を、本書で筆者は、広く、次世代教化システムと呼ぶべきだと主張したい。

本章で扱う仏教青年会も、次世代教化システムの一つである。青年宗教者において、ある一定の年代を同世代前後の宗教者たちと過ごす場はきわめて重要である。しかし、この宗教青年会の機能に注目した先行研究はあまりない。歴史的な背景を追った研究は見られるが（次節）、それらは現代活動している各宗教青年会に直結しているわけではない。

2　歴史に見る仏教青年会

前節では、宗教集団による次世代教化システムについて、宗教者のみならず、信者などへの拡張可能性も視野に入れて議論してきた。続いて、宗教者の例の一つである仏教青年会について、歴史的な経緯を若干説明しておこう[6]。

明治期の仏教青年会運動（以下、仏青と略すこともある）を論究した渡辺章悟は、大学内のサークルや自治会として活動した「大学仏青」、既成教団の青年僧侶による「宗派仏青」、地域・職場の文化団体として活動した「地域仏青」と三種類に分けて論じた［渡辺 二〇一〇］。本章では、このうち主に「宗派仏青」、およびその関連団体について、現代の実態を扱うことになる。

明治十年代末、仏教研究を志す学生の同好会（教友会、後に早大仏青）活動が始まった。東都仏教青年大会、そして、大日本仏教青年会が結成された。参加者たちは、通仏教的立場で、釈尊への帰依を信仰の基盤に、聞法、対論、研修を主な活動としていた。明治二十年代には、全国各地の学校（慶應義塾、第一高校、第三高校他）、また、山口県、茨城県、愛知県、奈良県など地方でも、続々と仏教青年会が誕生した[7]。さらに仏教各派においても、青年教化運動として活動が展開していった。たとえば、西本願寺教団は、一八九七年（明治四十）、仏教青年会概則、仏教青年会連合本部規則を制定した。

大正期に入ると、このような仏教運動は、論理的なことよりも、事業活動を重視する方向性が強くなり、国家のために奉仕する「御用団体」化した。そして、国民精神の振興統一に努めるようになった。仏青自体は、質量共に増加していったが、個々に自主的な運営がなされるなかで、当時の社会問題を扱い、また、根本仏教論へ進んだ。

昭和期に入り、戦争や国外の情報が飛び交うなかで、世界的な動きも見られた。ホノルルで一九三〇年（昭和五）に開催された汎太平洋仏教青年会大会が契機となり、仏青の全国組織である全日本仏教青年会連盟が結成され、一九三一年（昭和六）の創立大会には、一二〇〇名が集まった。他方、仏教青年連盟や新興仏教青年同盟も結成され、多くの若者が結集した。他方、各宗派の仏青も、天台宗、浄土宗、真宗大谷派などで結成されていった。第二次世界大戦の被害は大きく、多くの仏青は不活動状態になっていた。一九四六年（昭和二一）、仏教社会主義同盟が結成され、各宗派内では、教団民主化の革新団体が組織され、多くの青年がこれに参加するようになった。仏教学生自治連盟も一九四七年（昭和二二）に結成され、一九五四年（昭和二九）、京都で第一回全日本仏教学生大会が開催された。

3　現代の仏教青年会

全日本仏教青年会をはじめ、現代の「宗派仏青」の全国組織や各地の仏教青年会など、十九組織を取り上げ、「名称」「設立年」「会員数」「会員要件」「組織」「主な活動」「SNS活用状況」を筆者独自に調べ、まとめたものを**表1**に記した。仏教業界紙『仏教タイムス』は、二〇一七年‐一八年に、仏教青年会の特集を組み、その紹介記事がある。それを基礎に、筆者が各宗派青年会のウェブサイト他で調べたものである。(8)『仏教タイムス』の特集は、全日本仏教青年会所属のみを扱っていたため、それ以外の伝統仏教教団の全国組織（のいくつか）、各地域における仏教青年会を含めたものである。

表 1　全日本仏教青年会，各派の仏教青年会の概要

名称	設立年	会員数	会員要件	組織	主な活動	SNS 活用
真宗大谷派仏教青年同盟	1956 年	—	—	教区仏教青年会	全国大会，災害復興ボランティア	
真言宗豊山派仏教青年会	1958 年	—	—	47 支部・地区仏教青年会	Web，全国大会（結集），社会奉仕，写仏講座，機関誌『豊友』	FB
智山青年連合会	1958 年	約 800 人	—	約 60 地区青年会	Web，全国結集，総合研修会	FB, IS, YT
全国日蓮宗青年会*	1962 年	約 1,000 人	各団体規約	国内 59 団体，海外 2 団体	復興支援活動，慰霊活動，青少年教化，機関誌『全国日青』	FB, YT
浄土真宗本願寺派仏教青年連盟	1966 年	—	真宗青年	5 ブロック（29 区域）	Web，青年教化活動，全国真宗青年の集い，機関紙『まこと』	
天台仏教青年連盟*	1970 年	904 人	20～45 歳	—	全国大会（結集），中央研修会，天台宗防災士協議会	FB, IS
全国浄土宗青年会*	1970 年	2,321 人	18～43 歳	—	Web，全国大会，別時念佛会，災害救援活動，聴導犬育成募金	FB, TW
神戸青年仏教徒会*	1974 年	53 人	20～60 歳	—	Web，法要（阪神淡路大震災追悼慰霊），青少年育成，福祉	
全国曹洞宗青年会*	1975 年	2,656 人	18～41 歳	—	Web，全国大会，広報誌『SOUSEI』，災害ボランティア	FB, IS, YT
神奈川県仏教青年会*	1975 年	197 人	20～50 歳	—	研修事業，ボランティア活動，慰霊法要	FB, IS, TW
高野山真言宗青年教師会	1976 年	約 1,100 人	—	49 青年会	Web，全国青年教師交流会，結縁潅頂次第集成，歳末助け合い全国一斉托鉢	FB, IS
全日本仏教青年会*	1977 年	13,000 人	各団体規約	世界仏教徒青年連盟の日本センター	Web，研修会，法要，国際交流，災害支援，機関紙『JYBA』	FB, IS
埼玉県佛教青年会*	1977 年	約 240 人	各団体規約	5 団体	仏教宣揚活動，柴燈護摩供，塔婆募金	FB
大阪府佛教青年会*	1977 年	103 人	50 歳以下	—	Web，チャリティー，研修会，被災地支援，歳末助け合い托鉢	FB
全真言宗青年連盟*	1980 年	5,400 人	各団体規約	真言宗 15 会派	Web，全国大会（結集），災害救援活動，東日本大震災十三回忌法要	
臨済宗青年僧の会	1980 年	—	会費納入	臨済宗・黄檗宗僧籍	Web，情報発信，情報交換，機関誌『不二』，オンライン坐禅会	FB, IS, TW
融通念佛宗青年会*	1990 年	95 人	18～45 歳	—	ぼさつさまぬりえ展示活動，傾聴ボランティア	FB
金峯山青年僧の会*	1994 年	93 人	20～50 歳	—	修行会，三日ぼうず体験，義捐金托鉢・救援バザー	FB
和宗仏教青年連盟*	2012 年	62 人	50 歳以下	—	災害支援活動（復興支援物産展，慰霊法要），勉強会	FB

（出所）　仏教タイムス連載（2017 年 10 月～2018 年 1 月。*を付したもの）および筆者調査（ウェブサイト他）により筆者作成。「SNS 活用」の略称は次の通り：FB（Facebook），IS（Instagram），TW（Twitter），YT（Youtube）

（1）仏教青年会の特徴

表1を概観すると、いくつかの特徴が見出せる。まず、一部の例外はあるものの、各宗派の全国組織は一九五〇年代後半から一九八〇年までに結成され、戦後日本の経済発展期と重なっていることがわかる。地方の各派組織はそれ以前から結成され、それが全国組織に拡大した場合（全曹青他）と、宗派側から設立に至った場合（豊山仏青他）があった。青年会の多くは二十－四十歳代以下という年齢制限を設けている。その年齢を超えると「卒業」となる。各地域の仏教青年会でも同様の年齢制限がある。

主な活動内容は、全国大会、復興支援・災害ボランティア、青少年教化活動など類似している。全国組織では機関紙誌も刊行し、また、全体的にウェブサイトやSNSを活用した情報発信もしている。**表1**「SNS活用状況」で四団体は利用を確認できなかったが、他は何らかのSNSを活用していることを確認した。なかでもFacebookの利用率は高い。十九団体のうち十五団体が活用していた。「主な活動」にはその団体のウェブサイトを確認できた場合Ｗｅｂと記載したが、それは十一団体と約半数であった。つまり、すでに、ウェブサイトよりFacebookを団体の情報発信源として活用しているところが多いのだ。Instagramは七団体、TwitterとYouTubeはともに三団体だった。それらの情報発信（投稿）に対して、つながっている人や団体数（フォロアー）は、少ない団体で二百前後、多い団体では三千前後だった。なお、全国曹洞宗青年会のYouTubeチャンネルは登録者数一・六万人と、この十九団体のSNSのなかで特段多かったことは記しておきたい。Twitterを二〇一一年から始めている団体もあるが、多くはSNSを近年立ち上げ発信を始めた段階であり、今後担当者の尽力でさらに拡充がなされると予想する。

「主な活動」のなかで、年に一度の全国大会を実施している団体が目立った。このような大きな行事には、一年（あるいはそれ以上の長期間）の準備が必要である。関係各位が集まって（コロナ禍以降はオンライン会議システムも積極的に活用して）協議し、全国から集まる僧侶たちを統括し運営を行うのは一大事業である。こうした運営経験は、各寺院での周年行事にも、宗派全体の行事などでも活かされるだろう。また、復興支援（募金活動含む）や災害ボランティアなど、多くの人的資源を要する活動に積極的に関わっていることも確認できた（関連事項として、第4章およびコラム1、コラム4参照）。一人では活動しにくくても、集団で機動力を持って関わる経験は、それぞれの所属寺院等へもフィードバックされることがある。

各宗派で各地域には、それぞれ仏教青年会があり、地域の人びとの交流を含めた行事・活動を行っている。次節で個別事例を示すが、それは特異ケースということではない。全国各地に類似ケースが見られ、筆者の観点から、その代表的な例として示すものである。

（2）年齢階梯制としての仏教青年会

筆者が調査してきた地域仏教青年会は、次に述べるような形式である。適齢期の僧侶が仏教青年会から勧誘を受け、入会を検討した後、入るとの判断をした場合、基本的に、**図1**で示したルートを辿る。入会後、青年会の様々な役割を経験し、僧侶として、読経や所作、あるいは説教など技術力を高めるべく、学び合っている。同年代や修行同期の僧侶仲間だけでなく、自分より十歳以上も年上の僧侶らとも、同じ目的で集団行動をしている。こうして十〜二十年ほどの一定の期間、上下の世代と強い関係を持つ。そして、入会後の後半は、同会の会長・副会長や事務局長、書記・会計など青年会幹部などの大きな役割なども担当する。会で定められた規程の年齢を過ぎると会を離れる（退会、卒業する）ことになる。

青年会メンバーとして経験を積み上げていくうちに、徐々に集団内で果たす役割が大きくなる。外部団体との折衝や、大きなイベントなどを自ら企画・実行するような経験は、青年会に入らなければなかなか得られない。

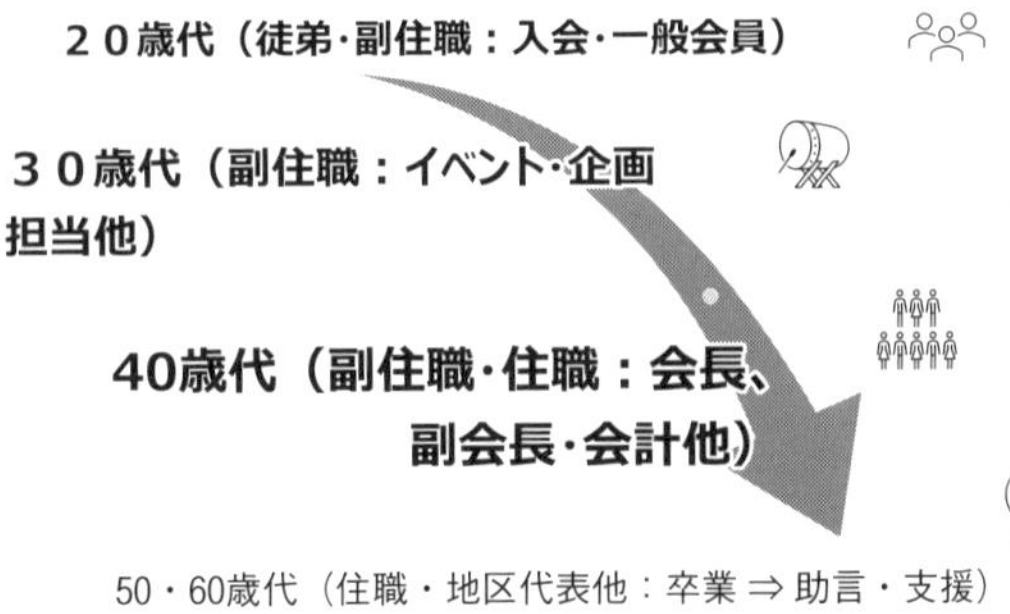

（出所）　筆者作成

図１　仏教青年会　入会から卒業までのイメージ

同会を「卒業」した後は、先輩僧侶（老師）として、後輩たちを育てる立場となり、自らを育ててくれた団体とかかわっていく（コラム１参照）。その際、宗派の地区リーダーなど、青年会より大きな組織の幹部などになる者も出てくる。長きにわたり、同世代および前後の世代と共に過ごし、考え、行動するこの仕組みは、青年会経験者の語りを総合的に判断すると、その後も続く僧侶人生にプラスの影響を与えているようだ。青年会活動は、一般の教員の現職研修の一つと考えてよいだろう。生きた教材がそこにあり、若手僧侶たちはそこで、自坊だけでは学びきれない、様々な経験を得ているのだ。

繰り返しとなるが、年齢階梯制の組織でもある僧侶集団たる仏教青年会の活動内容を見ていくと、それぞれライフステージに応じて、「現職研修」的な経験を積んでいき、会における役割の変化などを通じて、僧侶としての力量（説教、作法他）をつけつつ、同時に社会人としての力（コミュニケーション力、企画力他）もつけていくような仕組みになっていることがわかる。このように見ていくと、一般の教員たちの現職研修に相応する組織であることがわかるだろう。法定研修や校長や主幹教諭などを対象とする職階研修、あるいは教科や生徒指導等の専門的研修などを経て、実力を高めていく教員と比べ、仏教青年会も様々な行事・運営などの経験を通して、僧侶としての実力を高めていくことができる形が整えられているのだ。

なお、これまで一般の教員と比較してきたが、差異として次のことも確認しておこう。公立学校で勤務する教員は数年ごとの転勤があり、私立学校の教員も他学校への転出入は少なくない。これに対し宗教教師は、仏教・神道の場合、それに比べると異動は少なく、教師になる前から檀家・氏子たちに後継者を期待されるなどの点は、一般の教員と大きく異なっているのである（ただし、キリスト教会は神父・牧師とも転出入は多い）。

このように説明してきたが、仏教青年会には大いに意義があるからこそ、様々な宗派で存在し、現代まで継続していると思われる。次節では具体的な団体を例に挙げて、実態を確認していく。

4　地域・仏教青年会

本節は三つの仏教青年会の概況を中心に[9]、仏教青年会の構造や実態を考察したい。二つは三重県および福井県で活動する青年会である。仏教の地域青年会には、都道府県単位、あるいはそれをさらに細分した団体がある。この二つを宗派別の都道府県単位の青年会の例として取り上げる。もう一つは、亀山若手僧侶の会ＳＡＮＧＡである。これは超宗派のグループであり、近年新たに結成された。本章で今まで述べてきた仏教青年会とは若干異なっている。ただし、その活動実態は、各地域にある超宗派の仏教会と重なる部分があることから本章で着目したい。

（1）三曹青（三重県曹洞宗青年僧侶の会）

三重県曹洞宗青年会（三曹青《さんそうせい》）は五十年以上前に創設された。二十歳代－四十五歳の青年僧侶が参加する会である。所属メンバーは有志約六十名である。

主な活動として、「見聞楽《けんぶんらく》」（寺院と檀家・地域交流イベント）、和太鼓集団「鼓司《くす》」による奉納演奏、伝道車布教

（一台の車で布教師と運転者が対象寺院に行って説法、映画上映などをする布教活動）、災害ボランティア（阪神淡路大震災や東日本大震災など）、雲水カフェ（県内各地で実施している坐禅と法話・茶話会）などがある。コロナ禍で不開催だった時期もあるが、毎年夏に一泊二日の坐禅合宿「緑蔭禅の集い」や東海管区（四県）行事もある。

（出所）筆者撮影

図2　三曹青・緑蔭禅

会長は二年交替である。立候補もしくは前会長の指名で決定される。会長が副会長五名を指名し、合議によりその他役員を決定し、二年間の任期で、その会期の活動や行事が執行される。調査時点での会長は、新規の取り組みとして、青年会御朱印、お寺で婚活、さらに、二〇二〇年のコロナ禍で手作りマスクの寄附も行った。インタビューに応じていただいた、二〇二〇年時点の会長は、仏教青年会の意義として、失敗できる最後の場所として様々な活動をできる十数年だと語っていた。幅広い年代との交流が僧侶としての経験値を深められ、先輩たちに相談し、檀家との付き合い・寺院運営など多くを学んできたともいう。

筆者は、三曹青の活動を観察・参加し、メンバーにインタビューをしてきた。上下二十歳近く年齢差がある幅広い世代が共に活動し、僧侶同士人間関係を深めていた。また、三重県は東西南北に広い。普段知ることができない他地域の状況がわかり、自らの檀家以外の人びととの交流が持てることでも経験値を高められる。同会を卒業した老師たちは、助言や協賛などの形で青年僧侶の形を支えている。副住職・若い住職たる僧侶にとって重要な現職研修だと思われる。

（2）天台真盛宗・蒐修会

天台系三派の一つ天台真盛宗は、大津市の西教寺が本山である。全国で約四二〇ある寺院は、滋賀・三重・福井の三県に集中している。その福井教区で青年僧侶の研修会「蒐修会《しゅうしゅうかい》」が立ち上げられた。

僧侶としての自覚と智恵を、色々な体験や経験、研修によって幅広く修めるという意味で名づけられた。福井出身の一人が、同じ道を歩む者と集まって互いの立場を理解・叱咤激励し、親睦を深め集まれる場を作りたいと賛同者を募った。二〇〇四年、約三十人の会員により結成された。宗務支所、福井教区、ベテラン僧侶も支援した。実践の基礎を学びあい、年会費ゼロの運営費で始め、半年後には教区から援助金をもらう組織となった。初期の大きな活動は、各地域で異なっていた法要の仕方を統一した教本を作成したことだ。従来、すべてのやり方に対応するため、三冊の経典を持つ必要があったが、以後は、その一冊で済むようになった。

同宗別格本山の引接寺《いんじゅじ》は越前市にある。実践仏教の勉強と寺院維持継続のため、蒐修会メンバーは同寺院の年中行事に可能な限り参加した。法儀団や布教団、蒐修会のリーダーたちが率直に議論して、運営協力を行っている。メンバーはこの経験を活かし、自坊で、法要後に布教師として互いに交流を持つ。経験が少ない場合、短時間での経験を積むように工夫し、「布教リレー」として一人十分程度の短い法話を五人で行うなどもしてきた。その後も隔月で声明や法話などの技術向上を目指した研修会を続けている。

筆者は二〇一七年に引接寺の「十夜会」を見学した。若手僧侶が実践力向上のための研修を行っている様子、指導する立場の布教師の法話をうかがった。その後、若手僧侶の法話を聞き、初々しくも一生懸命に話す姿は、まさにそこで実践で学んでいるのだと理解した。

（3）亀山若手僧侶の会SANGA

亀山若手僧侶の会SANGA（以下、SANGAと略記）は、三重県亀山市の組織である。天台真盛宗、浄土真宗、浄土宗などの僧侶が集い、超宗派で活動している。

亀山市ではもともと超宗派の仏教会の僧侶たちが、宗派を超えた良い人間関係を築いて活動していた。その仏教会を基礎に置きつつ、若手世代がボランティアサークルとして二〇一五年四月に発足したものである。地域の高齢者が集うイベントへ参加し、仏教作法や日常の悩み相談などを受け、翌年三月には「お寺と地域を考える」というコンセプトでの勉強会が開催され、亀山市内外の住職、檀家総代や地域住民ら約六十人を集めた。翌年三月には、人生の最期をどのように迎え、見送るかという「看取り」をテーマにした研修会を開催すると、約八十人が参加するほど盛況となった。

その後も、檀信徒からの依頼に応じて公民館やコミュニティセンターなどで出前法話を随時行う一方、定例的な研修会を開催して、通仏教の浸透を図っている。二〇一九年には社会福祉活動に関係して、診察所を営みながら高齢者訪問医療診察に尽力する医師のドキュメンタリー映画（溝渕監督作品『四万十』）を上映し、メンバーの法話もあった。これらの開催通知と活動報告は、Facebookなどを通じて発信している。二〇二〇年九月にも「ウィズコロナの時代に」と題して法話&座談会を開き、市民ら三十人が参加した。

二〇二〇年以降、場所を固定して、年間四回の定例法話会（後に、「サンガの集い」となった）を企画し、現在まで継続して行われている。この定例法話会の二〇二一年六月の回は以下のとおりである。参加メンバーの自己紹

（出所）筆者撮影。

図3　SANGA・定例法話会

介の後、ベテラン僧侶が法話を語った。訪問診察について描かれた『いのちの停車場』という映画のこと、東日本大震災を契機に誕生した臨床宗教師のこと、その一人としての自らの活動、スピリチュアルケアについて、在宅・自宅で終えたい人びとがいることなど、多様な経験を通じて感じたこと考えたことが慣れた語りで人びとに伝えられた。

その後の座談会は参加者に対する自由な質問の時間になった。「宗派」「戒名（法名）」「仏壇」「墓じまい」「終活」などが例示された。若干のためらいの後、一人の参加者が「法事とは何でしょうか」と口火を切った。単語の単純な意味を解説するのではなく、その意義などを問うたものとして、天台真盛宗、真宗大谷派など所属僧侶が各々の言葉で回答した。続いて「一周忌、三回忌などはなぜあるのでしょう」という質問が続いた。日本の十三仏事、さらに、インドや中国のことを含めた歴史的な背景を含む説明がされた。

この法話&座談会の参加者は、基本的に高齢者だった。参加者からは仏教あるいはそれぞれの宗派の教え、関連事項をより詳しく知りたい・学びたいという意欲が見出された。これに対する若手僧侶たちは、自分なりの言葉でしっかりと説明されていた。SANGAには、法話を行うときに予めルールを決めている。それは、①自らの宗派に特化した話をしない、②他寺院の批判をしない、③参加者からの質問への回答として「自分はこう考えるけど、詳しくは旦那寺に尋ねてください」と述べるなどの配慮をすることである。通仏教活動を強く意識していることが、同会の大きな特色である。二〇二二年度からは連続講座「釈尊の生涯と教え」を始めた。

スマホからネット検索で手軽に調べられる現代、しかし、あえて会場で、互いに言葉をやり取りすることで、しっかり学ぶことができる、そんな雰囲気溢れる場所だった。そして、仏教や生き様などを含め、人びとが知りたいことは、多くあるのだと改めて気づかされた。

5　知のあり方の変化と仏教青年会の今後

（1）人口減少・高齢社会のなかの宗教集団

前節で異なるタイプの仏教青年会の事例を概観した。同じ宗派の組織でも、超宗派の組織でも、現職僧侶として自坊の檀信徒と接点を持つ以上に、多様なつながりが持てるということで、仏教青年会の意義は明確である。そして、僧侶自身が幅広い関係性をもつことができると、その経験は結果的に檀信徒へフィードバックされることもあるだろう。

さて、二〇二〇年に全世界に一気に広がったCOVID–19は、全世界に様々な影響を与えた。日本の教育界では、それまでも準備されていたが、遠隔授業の導入が一気に進んだ。試行錯誤もあるが、このようなICT活用の流れは止まらないだろう。「人はインターネット上に第二の言語・視聴覚空間を作り、住所を持ち、SNSを生み、社会を形作った。言うなれば人はデジタル空間にもう一度生まれた」と述べる者もいる［落合 二〇一七］。それをどのようにポジティブに導入するかということは、あらゆる業界で試行錯誤されている。仏教界も例外ではない。そしてすでに仏教青年会のメンバーたちは、仏教青年会のみならず、自坊でも、FacebookやInstagram、あるいはTwitterを通じた寺院の定期的な紹介や、YouTubeを用いた行事や法話の配信、さらに、LINEを用いた檀信徒との連絡ツール活用など、すでにこの新しいツールを十分活用してきている。

人口減少を憂える声や、都市部であっても超高齢社会への対応が必然化することを危惧する声などを、日本で宗教界のみならず多く聞く昨今、それをそのまま、全面的にマイナスなことだと受け入れるのではなく、何らかの形で変化させて受容する取り組みが、このような彼・彼女らの活動ではないだろうか。

（2）知のあり方の変化とウィズコロナの対応

今般、知のあり方は激変した。高学歴社会のなかで、知的好奇心の高いシニア層が宗教に関心を寄せ、講演会・法話などに熱心に参加し、独自に仏教・宗教を学んでいる。ネット検索が優位な時代が到来し、多くの人びとは手の中で検索し、（膨大な玉石混交の）情報を得ている。文科省が現在推奨している学びのスタイルも「主体的・対話的で深い学びの実現」であり、能動的な学びである(10)。さらに、チャットＧＰＴなどの生成ＡＩの浸透は、社会に大きな影響を与えている。

ここまで議論してきたことを鑑みると、教化について、頑《かたく》なに、教化者から被教化者へという一方向的なものだけだと考えず、情報の相互交流という観点で見直したほうがいいのではないだろうか(11)。個々の寺院の運営はすでに平成の時代から厳しいといわれている。「明るい未来が見えない」という言説も様々な場面で見られるが、本章で紹介してきたように積極的に地域社会の課題に取り組み、協働でことにあたっている仏教青年会の動きを見ていると、先の発言は、危機的状況を危惧してというより、思考停止による言い訳のようにも思えてしまう。

明治以降、制度的に「檀家制度」はすでになく、第二次世界大戦以前は、寺院を経済的に支えてきた寺社領などのも、戦後はほとんどなくなった。にもかかわらず、現時点まで一定の寺院数（神社数・教会数も同様）が保たれていたことをどう考えればいいだろうか。明治以降、大正・昭和の戦争を経て、平成、そして令和の現時点まで、伝統な教団および所属する宗教集団の多くは存続できていた。教団側の優れたリーダーシップの発現によるものか。それよりも、個別の寺院（神社・教会など）の宗教者たちが、大変丁寧に多くの檀信徒（・氏子・信者）や一般の人びととの関係性を保ち続けてきたことや、地域社会や他の機関・団体などと強い関係性を保ってきたことが大きいのではないだろうか。個々の寺院の自助努力の成果という説明は、今後はそれが困難となりそうだとの反転した説明につながる。

一般的に企業の寿命は三十年ともいわれている。集団・組織は、黎明・創業期から成長期、安定・拡大期、そして衰退期とたどっていく。寺院等においては、現代、しばしば脆弱性が強調されつつも、実際には強靭性もあり、筆者は今後もしばらくは維持可能ではないかと推察する。ただし、同じ宗教界のうち、キリスト教界では、これまで教会を支え続けてくれた層がいよいよ日本の平均寿命の年齢に達する時期「二〇三〇年問題」[12]が待ったなしを迎えている。人口減少が急速化するなかで、宗教法人側の抜本的な対策も、現状示し切れておらず、個々の寺院にとって、その時間的余裕は限りなく短いだろう。

仏教青年会などの有効な次世代教化システムが機能することで、そして、教化者も被教化者も皆で教化しあいながら進んでいくことで、信仰継承の一つの理想が形作られるのかもしれない。その意味で、まさにいま、激動のなかで活動している青年僧侶たちの活動に関心を寄せ、同行者として、筆者も歩み続けていきたい。

＊本章は報告書「第一章　地域仏教青年会による宗教者の成長と次世代教化――SANGA、三曹青、伊勢浄青、蒐修会を中心に」を基礎に置くが全面的に改稿している。

（1）前者は『広辞苑』（第七版、二〇一八年、岩波書店）、後者は『大辞泉』（第二版、二〇一二年、小学館）の定義である。

（2）前者は『大辞林』（第四版、二〇一九年、三省堂）、後者は『広辞苑』（第七版、二〇一八年、岩波書店）の定義である。

（3）新宗教は在家主義を基本としており、厳密には、他の伝統宗教と同様ではない。ただ、たとえば天理教では、信徒であり教化者である「よふぼく」さらに「教人《きょうと》」を講習会などで養成している［国際宗教研究所 二〇〇六］。宗教系大学は、第二次世界大戦以降の教育制度改革の結果、現代のような、宗教教師の養成機関となっている［江島他 二〇二〇］。

（4）川又俊則「〈いのち〉と〈宗教〉の教育実践――三重県内の学校を中心に」（『宗教学論集』二八、二〇〇九年）八九－一一九頁。

（5）川又俊則「第六章　教化活動の現状と課題――教化団体と住職の活動を中心に」相澤秀生・川又俊則編『岐路に立つ仏教寺院』（法藏館、二〇一九年）一六七－一九七頁。

（6）以下は、川又俊則「仏教青年会の現職研修――若手僧侶育成による次世代教化」（『東洋学研究』五八、二〇二一年、三四九－三六〇頁）で記述した内容を要約している。孫引きとならないよう、そこで参照した先行研究の小室［一九八七］龍渓［一九八七］を示したので、関心ある方は渡辺［二〇一〇］と合わせてそれらも参照されたい。

（7）明治から昭和、平成にかけての仏教界全般の動向は、大谷他編［二〇二三］が幅広く言及しており参考になる。

（8）**表1**は、できる限り最新情報（二〇二三年四月現在）を集約し、遺漏なきよう注意したつもりだが、デジタル・データの更新は活発であり、能力が足りず、表が不完全にとどまったのは筆者の責任であることを記してお詫びする。

（9）ここで紹介した三団体は二〇一七－二一年度の科研調査で行った資料を基にしている。当時の会長・前会長など執行部には、格別のご配慮をいただき調査遂行できたことを記して御礼申し上げる。

（10）直近の学習指導要領改訂に関する解説は https://www.mext.go.jp/a_menu/shotou/new-cs/1383986.htm#section5 参照。

（11）教化のあり方は、川又俊則「仏教教団が実践する教化活動の脆弱性と強靭性」（『東洋学研究』五九、二〇二二年、二六七－二八二頁）も参照。

（12）川又俊則「加速化する人口減少時代に対峙する宗教法人と宗教者の現在」（『こうえき』二〇、ＳＭＢＣ日興証券、二〇二三年）一〇－一五頁。

▒参考文献

江島尚俊他編『現代日本の大学と宗教』〈シリーズ大学と宗教Ⅲ〉（法藏館、二〇二〇年）
大谷栄一他編『増補改訂　近代仏教スタディーズ――仏教からみたもうひとつの近代』（法藏館、二〇二三年）
落合陽一『超ＡＩ時代の生存戦略――シンギュラリティ〈２０４０年代〉に備える34のリスト』（大和書房、二〇一七年）
川又俊則「布教」櫻井義秀他編『よくわかる宗教学』（ミネルヴァ書房、二〇一五年）三八－三九頁
小室裕充『近代仏教史研究』（同朋舎、一九八七年）
財団法人国際宗教研究所編（弓山達也責任編集）『現代における宗教者の育成』（大正大学出版会、二〇〇六年）

龍溪章雄「明治期の仏教青年運動（上）――大日本仏教青年会を中心として」（『眞宗学』七五・七六、一九八七年）三一三－三三五頁
渡辺章悟「明治の仏教と仏教青年会運動」（『仏教文化』四九、二〇一〇年）七六－一〇九頁

コラム1

おうみ米一升運動

来迎院住職、滋賀教区浄土青年会第二十五期会長
稲岡賢純

おうみ米一升運動《こめいっしょううんどう》は、米どころ滋賀県内にある四八〇か寺余りの浄土宗寺院に檀信徒等から供えられたお米をお福分け頂き、滋賀県内を中心に多くの方々へ届ける活動である。この活動は平成二十二年度、生活困窮者への食糧支援を目的に滋賀教区甲賀組から始まった。発起者は曽田俊弘上人（水口町浄福寺住職・フードバンクびわ湖代表）である。そして現在、滋賀教区浄土宗青年会が手から手へ、直接会員の手によって配布や寄託を行う事を大切に活動している。滋賀教区浄土宗青年会とは、滋賀県内に点在する浄土宗寺院に所属する青年僧侶約百名の組織である。社会的慈善事業活動の一環として行っている。

おうみ米一升運動はお米の収集から始まる。毎年秋頃のお米の収穫時期に併せ滋賀県内の全寺院へチラシ配布等で声をかけ、檀信徒等からお寺の御本尊へ御供された仏供米を提供（お福分け）頂く。その量は毎年平均五トンもの量となり、過去では七トンを超えた事もある。

続いて、集積日を決めてお米の分別や精米、袋詰め作業を行う。これらの作業には多くの人手が必要となるため、会員だけでなくフードバンクびわ湖のスタッフや佛教大学のボランティアスタッフ・学生達にも声をかけ、多くの方に手伝って貰いながら約一日かけて行う。提供頂いたすべてのお米を滋賀教区教務所に集め、新米・古米・玄米の種類に分別する。新米はそのまま美味しく食べて頂ける様に、また古米は軽トラックでコイン精米機まで運び精米する。玄米は貯蔵する上で長持ちするという点から重宝されるため分け、各々袋詰め作業を行う。米袋は配布先の状況に応じて対応できる様に三キロ、五キロ、十キロ等の米袋を使用する。お年寄りが配布会場から家まで持ち帰り易い様に三キロ袋を、団体等へ寄託する際に運搬の手間を省く様に十キロ袋をといった感じである。精米されたお米をまずは大きな樽へ移し、それを升で量りながら各袋へ詰め替え紐を結びシールを貼って完成である。例年八百袋程の袋詰めを行う大変な作業であるが、綺麗に積み上げられた米袋を見るとその達成感から自然と笑みがこぼれ、充実感を味わえる。

次に各所へ数か月かけて、手から手へ直接お米の配布や寄託を行うが、その支援先は大きく三つに分けられる。

まず、この活動が災害救援支援活動として注目される様になった自然災害等の被災地への支援である。発足後すぐに東日本大震災が発生したため、暫くは東北支援が活動の中心となり、六年間被災各地を訪れ続けた。毎年変わりゆく復興の歩みを見守りながら訪問する。お米を直接手渡す事にこだわり、二トントラックを自ら運転して四日程かけて被災地を巡る。浄土宗寺院や応急仮設住宅を会場に配布し、時には一軒ずつ訪問して手渡す事もあった。またお勤めや茶話会も開き、大道芸人や人形芝居演者と同行して交流の場も作った。ここに手から手へこだわる大きな理由がある。お米が会員と被災者を繋いでくれるのである。涙しながら喜んでお米を受け取って下さる方や話を聞く中で復興への意欲を強くされた方、多くの方々と縁を繋ぐ。また現地の状況や実情を知り、被災者の本心に寄り添い、未だ心の傷が癒やされていないと感じる度に、翌年以降の支援活動継続の思いを強くする。熊本地震、茨城鬼怒川氾濫、西日本豪雨災害、千葉県台風第十五号・第十九号等の被災地も同様に訪れた。

お米は滋賀県内のこども食堂等の県内施設へも寄託する。滋賀県社会福祉協議会の協力のもと、寄託希望を集約後、希望数を各自治体社協へ会員が運び、こども食堂等の県内施設へ配布される。各施設には会員の参加受け入れも依頼し、こども食堂を訪れて、子ども達や参加者に向けて活動の説明やお米の持つ意味等も伝えている。またお念仏体験や仏教クイズ、手品等を行い手から手へ直接寄託する事を心掛け、その縁を大切にしている。

フードバンクへの支援も、発足初年度より続けている。寄託先は変わりつつも寺院とフードバンクの協働という福祉実施を継続し、より地域との繋がりを深めている。

おうみ米一升運動は、寺院と地域社会とを結ぶ一助の活動である。地元の檀信徒の善意のこもったお米がお寺の御本尊に供えられ、そのお米を滋賀教区浄土宗青年会が集約し、フードバンクやこども食堂を通して地域社会へと還元されていくこの一連の流れこそ、寺院と地域社会を結び慈悲の心や善意の心の循環に繋がると考える。この循環の輪によって仏様のみ心が、お米を通じて手から手へ、心から心へと広がり、和を繋いでいく事を望む。それには寺院版フードドライブであるおうみ米一升運動とフードパントリーであるフードバンクやこども食堂との連携が重要で、共に助け合い支えあっていかねばならない。善意の結晶であるお米に感謝しながら、仏の縁や人との縁を大切に今後も活動を推進していきたい。

第2章　講を引き継ぐ若手宗教者たち

小林奈央子

1　講組織の現況

（1）「講」とは何か

観世音菩薩を信仰し参詣する人たちによる観音講、火伏を願って遠州秋葉山を信仰し参詣する人たちによる秋葉講など、信仰の対象を同じくする人びとによって組織された団体を「○○講」と呼ぶ。

もとは法華経八巻を講義する「法華八講」のように仏教寺院において経典の講義をする僧侶の集まり、法会《ほうえ》のことを「講」といったが、その後、一般の人たちが特定の神や仏を信仰し、神社・仏閣へ参詣する集団にも使われるようになった。伊勢参宮を目的とする人びとによって組織された伊勢講、真言宗の開祖弘法大師空海の信者によって組織され、高野山や四国八十八ヶ所霊場など弘法大師ゆかりの霊場を参拝する弘法講（大師講）なども そうした組織の一つである。また、ムラのなかで葬式が出るとムラの人たちで念仏を唱える念仏講、富士講や大峯講など特定の霊山への信仰を元に組織された講組織もある。

本章では岐阜県と長野県にまたがる木曽御嶽山《おんたけさん》（三〇六七メートル）を霊山として崇め、登拝・参詣する同信者組織である「御嶽講」の若手宗教者の活動に着目する。近年多くの講組織が担い手不足と高齢化にあえぐなかで、積極的に講活動を展開する、愛知県の二つの御嶽講とそこで主管者を務める二人の行者の活動を紹介したい。

（2）取り壊される御嶽霊場

御嶽講に限らず、近年講組織は信仰の個人化や地域社会の結びつきの希薄化によって衰退傾向が顕著である。講組織を介して地域で祀ってきた社や祠の神仏なども、講組織の消滅によって長らく祭祀がなされず、荒廃の末、廃絶となることもしばしばである。また、村落社会や「家」制度を前提とし、固定化された性別役割に基づくことも多い伝統的な講組織はすでに社会の現状にそぐわなくなってきている。

近年では御嶽講の講員たちが祀ってきた霊神碑《れいじんひ》（生前御嶽行者や信者であった人の御霊《みたま》を祀った石碑）や、霊神碑が配された霊場である霊神場の解体撤去が各地で相次いでいる。これは一般墓において、単身世帯の増加や少子化などにより、累代の墓の継承が困難なため、墓石を解体撤去し、墓所を更地に戻す「墓じまい」が増加している状況と共通する。

愛知県みよし市の御嶽講の霊場では、令和三年（二〇二一）十一月、これまで近隣に住む御嶽講員が祀ってきた四十五基の霊神碑および十三基の霊神像や石造物、山全体に勧請されたミニチュア八十八ヶ所霊場の祠がすべて撤去された。御霊を入れて祀っているため、何も施さずいきなり破却することは避けられ、まず御嶽講の行者により、一基一基祀られた御霊の「お精《しょう》抜き」の作業がなされた（**図1**）。精抜きがなされた後も、御霊が完全に抜け鎮魂がなされるよう、すぐに粉砕せず、一年ほど石材所にそのままの形態で保管され、その後粉砕される予定とのことであった。

この霊場は明治後期から昭和初期にかけて、愛知県の尾張・三河両地方で御嶽講を主導した林一心（俗名：林甚太郎、一八七四－一九四三）という法力《ほうりき》の高い御嶽行者が活動に関わった由緒ある霊場であったが、後を継ぐ行者がいなくなり、廃絶せざるを得なくなった。講員の多くが八十代前後となり、四、五十代になる子ども世代は活動に関心がない。このまま荒廃が進み、適切な手順も踏まず、いきなり取り壊すようなことになったら、後世、一家の子・孫にどのような災いが起こるかわからない、自分たちのように、信心があり、意識を持った者たちがいるうちにきちんと勤行・供養した上で撤去し、きれいにしておくほうが良いという判断をしたという。また、墓の継承問題同様、霊場の管理で子孫に過重な負担をかけたくないという祖父母や親世代の思いも影響したようである。

図１　お精抜き

設置された当時はそれぞれの奉納者が特別な思いを持って、その場所に奉納したに違いない。そしてその後、何世代かにわたって祭祀が続けられてきた。講組織の隆盛と衰退、そして消滅。精抜きの現場に立ち会ったいずれの関係者も、霊場が霊場でなくなる寂しさはありつつも、他方、子孫に負担をかけず適切な形で更地に戻すことができる安堵感という、複雑な感情が入り混じっているようであった。また、関係者は更地に戻したのち、その場所に桜の木を植樹し、解体・撤去したすべての霊神碑の写真を収めた冊子も作成した（図２）。このような素晴らしい霊場があったことをせめて記録としては残しておきたいと思ったからだという(1)。

図２　撤去事業報告書

（3）「精抜き」を行った二人の若手御嶽行者

この霊場の精抜き作業を担当したのは、そのような御嶽講の盛衰を間近で見てきた、愛知県内のそれぞれ異なる御嶽講に属する若手御嶽行者二人であった。五十代と三十代であるがいずれも御嶽講組織のなかでは「若手」とされる世代の行者たちである。行者の一人は、前出の林一心から講祖が行法《ぎょうほう》を伝授されたという髙針心願講（名古屋市名東区）という御嶽講の四代目講長で、五十代前半の大鐘龍昇氏である。もう一人が名古屋市中村区に所在する御嶽講、御嶽山金峯山出生元組教会本部の教会長で、三十代になったばかりの嶋田栄信氏であった。御霊が祀られた石造物から適切に「精を抜く」という、高度な行法が求められる作業が可能な行者は近年少なくなってきており、講の系統を超えて、優れた法力を持つ二人に白羽の矢が立ちその作業が託されたのである。

2 「横」の関係でつながりあう御嶽講

(1) 御嶽講の盛衰を見てきた二人

戦後御嶽講が最も隆盛を極めるのは昭和三十年代から昭和五十年代前半までである。林道が整備され、御嶽山の中腹までバスが開通すると一層活況を呈した。一つの講から「大型観光バスが七、八台」という団体参拝がいくらでも見られた。そうした状況が急変したのが、昭和五十四年（一九七九）の御嶽噴火以降である。そこにさらなる打撃を加えたのが、昭和五十九年（一九八四）の長野県西部地震による被害であった。そのころから信者の減少・後継者の不足がいわれるようになった。ただ、それでも平成一〇年（一九九八）前後までは大型観光バスを数台チャーターして夏山・寒山の登拝に出かける講がまだ多く見られた。

精抜きの作業に関わった大鐘龍昇氏は昭和四十五年（一九七〇）生まれで、三歳のときに高針心願講の二代大先達であった祖父大鐘明（のち明東霊神）に連れられ初めて御嶽山に登拝している。それから毎年欠かさず登拝し、高針心願講が立講百周年を迎えた令和三年（二〇二一）には木曽御嶽山頂上奥社登拝百度を成し遂げている。昭和四十年代から現在に至るまでの御嶽講の盛衰や変化を常に見てきた人でもある。

一方、平成二年（一九九〇）生まれである嶋田栄信氏が主管者を務める御嶽山金峯山出生元組教会本部は、氏の曽祖父である嶋田鉄二郎（のち金剛院栄昌行者、以下栄昌行者）によって、昭和三十二年（一九五七）に創設された。江戸後期に御嶽山を大衆開放した尾張の行者覚明が幼少期を過ごしたとされる西春日井郡の新川（現清須市）を中心に組織された出生講の流れにある。新川の隣、清洲（現清須市）の瀬尾家イットウの本家筋にあたる、清寛（俗名：瀬尾半四郎、生没年不詳）から、清洲の理覚（俗名：瀬尾半右衛門、一八七六年没）が継承した流れと新川・

阿原の覚司（俗名：瀬尾治兵衛、一八八三年没）が継承した流れとに分かれた。出生講のこの二つの流れのうち、嶋田氏の教会は覚司の流れをくむ。栄昌行者の死後は、彼の娘である清美（のち幸昌童女）が後を継ぎ、嶋田氏は祖母にあたる幸昌童女とともに幼少時から頻繁に御嶽山へ登拝していた。また、十代のころから虫や熊、暗闇などにおびえながら山内の御堂に一人で籠り、蕎麦がきのような粗食を口にしながら何日も籠山修行をしてきたという。

大鐘氏の御嶽講は、神社神道系教団の木曽御嶽本教を包括団体とし、所属している。また、嶋田氏は木曽御嶽本教に籍を置きつつ、教会はその名称からも推察できるよう、修験系仏教教団の金峯山修験本宗に属している。

現在、木曽御嶽本教に属する宗教団体（教会など）は一八九か所で、教師数が一五一五名、信者数が四万一三三八名である（『宗教年鑑』令和四年版）。さかのぼること二十年前の平成十五年（二〇〇三）版の同統計では、宗教団体（教会など）は二九六か所、教師数が三一二〇名、信者数が五万三三一名であり、そのころと比較すると宗教団体数は約三六％減、教師数は約五二％減、信者数は約一八％減と、この二十年でいずれの項目も大幅に減少していることがわかる。殊に近年は、平成二十六年（二〇一四）九月二十七日に発生した御嶽山の火山噴火と、その後続いた入山や立ち入り規制による登山者の激減、新型コロナウイルスの感染拡大によって、講による団体での登拝が困難になり、もともとあった衰退傾向にさらに拍車がかかっている。

(2) 危機的状況を救ったSNS

一方こうした危機的状況のなかで、御嶽信仰の現状や将来を危惧し、御嶽山や御嶽信仰に関係する有志たちによる、SNS（ソーシャルネットワーキングサービス）を通じた連帯や協働の動きも見られる。フェイスブック上では「霊峰木曽御嶽山交流会！」（二〇一七年二月発足、二〇二三年五月現在メンバー八十九名）、「御嶽登山部」（二〇一七年九月発足、二〇二三年五月現在メンバー七四六名)、「チーム御嶽ラボ(御嶽登山部談話室)」(二〇一八年五月発足、二〇二三年五月現在メンバー八十名)が存在し、インスタグラムでは「おんたけグラム」(二〇一八年十一月発足、二〇二三年五月現在フォロワー五十二名)が展開している。御嶽山の地元の人びとや全国各地の御嶽講に関わる人びとが運営するいくつかのグループがあり、都道府県を超えて情報交換し、横のつながりを形成している。

それらのSNS上のグループのうち、フェイスブック上の「霊峰木曽御嶽山交流会!」は、大鐘氏が立ち上げたものである。「木曽御嶽山復興と御山繁栄を願い」作成したグループであり、「霊峰木曽御嶽山を崇め信仰する行者、信者、研究者、地元関係者」が交流しあえる場となることを企図したという。実際に木曽御嶽山に関わる様々な属性を持つ人たちの情報交換の場となっており、活用されている。

こうしたSNS上のグループに関与している人の多くは、かつての木曽御嶽山の賑わいを知る麓住民、山小屋や宿泊施設の経営者、そして、御嶽山を信仰対象として崇め、登拝してきた行者や信者である。また、全国の霊山を経巡り修行する越境性のある山岳行者の特質もあり、[2]他の霊山を信奉するが木曽御嶽山にも登るという修行者も加わっている。それまで登拝や講運営に関する様々な知識を伝え、導いてくれていた年長者が高齢となったり亡くなったりするなかで、どのように活動を継続していったらよいのか悩む次世代の継承者も少なくない。年長者から年少者への「縦」のつながりによる知識や情報の取得が難しいなか、若い次世代がSNSを介した「横」のつながりからそれらを共有しあっている。大鐘氏自身も祖父は霊神名を授与された優れた先達(指導的立場の行者)であったが、氏が二十二歳のときに他界している。父親は行者ではなく、直接教えを受けることができる身近な年長者は限られている。嶋田氏も直接指導を受けてきた祖母の幸昌童女は、平成二十六年(二〇一四)に信者の病を自らの身体に引き受けることで身代わりとなり、六十歳で他界した。当時嶋田氏は二十四歳であった。大鐘氏も嶋田氏もいずれも「縦」の関係で日常的かつ密に行法伝授してくれる年長者は現在いない。

（3）「横」のつながりがもたらす力がはっきりと示された例が、令和三年十一月十三日に行われた「高針心願講立講百周年記念奉賛火渡り鎮火祭」である。講の所在する名古屋市名東区高針にある高牟神社の境内において催行された（図3）。その火渡りには、SNSを介して他講の御嶽行者や火行に携わることのできる山岳行者が全国津々浦々から「助っ人」として駆けつけた。高針心願講には現在三十一名の講員が所属しているが、そのうち宗教的行為を行える教師以上の者は七名で、火行に長けている行者の数となるとさらに限られる。残りの講員はほとんどが高齢の女性信者であり、行をする修行者ではないため、講内部の人たちだけで大規模な火渡りを催行することは不可能である。高針心願講はフェイスブック上において、通常のページとは別に「高針心願講百周年、大鐘先達特設ページ」を開設し、当日の祭礼を補助してくれる他講、他宗派の行者、宗教者への声がけを早くから行っていた。そしてその活発な投稿や呼びかけによって、祭礼当日は「助行《すけぎょう》」を名乗り出てサポートしてくれる講の「外」の人たちが全国から参集した。

図3　火渡り

「助行」とは、勤行や祭礼を中心で催行する宗教者を補助する役割を担うことをいい、御嶽講はもちろんのこと山岳修行者にはよく見られる習慣である。行事の担い手の数が足りないという場合には直接応援に入ることもあれば、中心的な修行者の法力が足りない場合に、背後から印を結ぶなどの行為で呪力の不足を補うこともある。火渡りのように火の勢いをコントロールしながら、幼い子どもから高齢者を含む一般の人がけがなく安全に火上を歩くことができるように修めていくのは至難であり、そのためには法力のある行者が複数人必要となる。

ただ、火渡りに関わる作法は宗教者ならば誰でも行えるわけではなく、火渡りに必要な行法である火生三昧《かしょうざんまい》法《ほう》を修めた行者や、勤行のなかで護摩供を行う密教系の僧侶、屋外での柴（採）燈護摩供を行う修験教団関係者などに限られる。高針心願講の立講百周年の火渡り祭では、高針心願講以外の御嶽講に所属する御嶽行者はもちろんのこと、高野山真言宗の僧侶や諸霊山の修験者、法螺《ほら》師《し》の一団も参加していた。この火渡り祭には嶋田氏も自らの教会に所属する行者や信者を多数伴い、助行を行った（図4）。火渡りには高針地区に居住する一般住民も多数参加し、約八百名の人が渡った。これは中部地域で行われる通常の火渡り行事と比べてもかなり大規模であり、特筆すべき状況であったといえる。

図4　嶋田氏の助行

少子高齢化で講自体の規模は小さくなり、衰退の傾向にあることは疑いない。本来ならば火渡り祭など実施することさえ難しい状態であったと考えられるが、大鐘氏個人の人徳や行力の高さを慕う、講や宗派を超えた行者仲間たちの存在、そして何よりここ数年で急速に構築されてきたSNSを介した行者の「横」のつながりによって、催行が可能になったのである。講の衰退や担い手不足を憂いながら各地に点で存在していた行者たちが、SNSの発達によりいままでにない速度で急速につながりあい、助け合う状況が発生しているのである。これは非常に現代的な現象であり、こうした状況はコロナ禍で一層加速したと考えられる。

（4）勧進活動の促進

また、高針心願講と大鐘氏が中心となり、令和四年（二〇二二）一月から「御嶽山頂上奥社大日如来造立・三ノ池祠再建勧進」が行われた。平成二十六年の火山噴火によって頂上奥社の神域に祀られていた多くの神像が損傷し、とりわけ大日如来像は頭部が欠損し痛々しい状態となってしまっていたため新たに造立し寄進すること、最聖域の一つとされる三ノ池畔の倒壊した龍神の祠を再建することが勧進の目的とされた。一口五千円からの受付であったが、二か月後の同年三月には当初の目標金額である三三六万円を上回り、現在は令和五年（二〇二三）の夏山登拝シーズンに間に合うよう、建立作業が急ピッチで進められている。これもSNSを介した情報の拡がりが勧進活動を促進させたことが大きい。

3　新しい試みへの挑戦

（1）二つの星祭

前述のように、従前から存在する勤行や祭礼がSNSなどの現代的なツールを通じて発展・拡大されていくこと以外に、いままでにはない新しい取り組みにも大鐘氏、嶋田氏は挑戦している。

髙針心願講は毎年二月の節分に近い日曜日に星祭を行っている。コロナ禍においても密を避け、換気のために窓を開け放ちながら、新たな春を無病息災で過ごすために星祭の護摩供養を行っている。髙針心願講における星祭は、大鐘氏の祖父、明東霊神が、生前、行法の師である林一心から「鎮宅霊符神法《ちんたくれいふしんぽう》」とともに授かり、講にもたらされたものとされる。御幣の切り方一つにも細かい決まりがあり、準備には相当な時間がかかるという。大鐘氏は星祭の伝統的な次第や作法は従前どおり行いながら、随所に新しい試みを織り交ぜている。

令和三年の星祭では、愛知県在住の石笛奏者の女性をゲストに呼び、警蹕《けいひつ》という、降神の際に発する先払いの「オー」という声の代わりに、石笛の音を用いた。また、星祭のすべての次第が終了した後に、名古屋市在住の占い師で、ギターの弾き語りによる演奏活動もしている女性の演奏会も開いた。コロナ自粛が一年以上続き、多くの参加者が十分な対面活動ができず鬱屈した気持ちを抱えていた当時、そうしたささやかな工夫や演出が参加者の心を明るくしたようであった。さらに翌年の星祭では、同じくコロナ対策が取られながら、新たに鳴釜神事が取り入れられた（図5）。鳴釜神事とは、釜の上に米を入れたせいろを置き、釜を焚いたときに鳴る音の強弱や長短によって吉凶を占う神事である。鳴釜神事は続く令和五年（二〇二三）にも行われた。鳴釜神事を主で担当した大鐘氏の弟子である女性行者によれば、「先達（大鐘氏）は他所で見て来て「これは良い」と思ったものはすぐに採り入れる。鳴釜神事も先達の知人がやっていたもの。（所作を）覚えるのは大変だけど面白い」という。このように大鐘氏は、講で受け継がれる伝統的な星祭の次第は厳修しつつ、毎年新しい試みを加えながら伝統行事を催行している。

一方、嶋田氏の教会でも二月に星祭が行われている。嶋田氏の教会では、星曼荼羅を掲げ、北辰尊星王妙見《ほくしんそんしょうおうみょうけん》菩薩《ぼさつ》をその日の主尊とし勤行を行い、最後は参加者全員で盛大な豆まきが行われる（図6）。もともと節分会の行事は行っていたが、星祭という形で始めたのは令和二年（二〇二〇）からであり、御座《おざ》（御嶽講で行われる神降ろしの巫儀）での神からの託宣によるものだという。新しい春を迎えるにあたり、その年が悪星の運気にある人を、星を供養することによって善星に変えてもらうための儀礼である。参加者

図5　鳴釜神事

図6　豆まき

はその年一年、災厄を免れるために玄関の通り道に貼る御札を護摩供の火で祓ってもらった上、持ち帰る。勤行が厳修された後に行われる豆まきは、先達や参加者が鬼の面を被るだけでなく、その年の干支や滑稽な被り物をして行われる。豆だけでなく、野菜や餅、菓子などの供え物や洗剤などの日用品も撒かれ、大人も子どもも楽しめる行事としてすでに定着している。

以上のように、大鐘氏の場合は、祖父の代から続く星祭を、核となる伝統的な次第は厳修しつつも新たに鳴釜神事を採り入れたり、外部からアーティストを呼んだりなど工夫を重ねている。一方の嶋田氏は、従来教会の年中行事にはなかった星祭を新たに発足させ、護摩供などは厳しく修しつつも、行事の最後には年代を超えて参加者が楽しめるような豆まきを行っている。名前や趣旨は同じであるが、そのあり方にはそれぞれに独自性があり、多様なあり方を認める現代的な要素が見られる。なお、この星祭でも大鐘氏、嶋田氏は、互いに出仕しあい、助行をするなど、「横」のつながりを持っている。

4　多方面にわたる「横」のつながりの有用性

ここまで述べてきたように、近年のSNSによる宗教者の「横」のつながりは、コロナ禍でのオンラインによるコミュニケーションの進展もあり、急速に拡大している。本章で紹介した大鐘氏と嶋田氏のような、若手でありながら講や教会の主管者として組織を維持発展させていかなければならない立場にある人には、こうした「横」のつながりが、少子高齢化による担い手不足の組織を補完し、組織や行事の運営に必要不可欠となっている。しかし、主管者や行者ではない、講や教会の一般信者にとっては、横で「つながること」は、主管者や行者が重視する意識とは異なる部分もある。川又俊則は、信徒にとっては「つながること」「ささえあうこと」が信仰の維持拡大ではなくウェルビーイングにつながる場合があると指摘しているが[3]、昨今の御嶽講に関わる「横」のつながりはまさに、主管者らの維持や継承の意識とは異なるベクトルで、信徒の満足度、幸福度を高めている側面がある。さらにいうと、その「つながり」のなかに介入する研究者にとっても従来のフィールドワークでは得られなかった情報の取得や、研究を通じた社会とのつながりが構築されていると感じる。

顕著な例をあげると、「横」のつながりによって、信徒が自らの信仰の系譜や歴史、先祖の信仰活動が明らかになる事態が数々起こっている。前述したように、伝統的な山岳行者は、様々な霊山を修行の場とする越境的な性格を有しているため、現代のわれわれが想像する以上に各所の霊場とつながりを持っている。特に嶋田氏の教会では、嶋田氏が神降ろしの御座の巫儀で卓越した力を有しているため、先達の死去により御座の儀礼がなくなったり、講がなくなった別の御嶽講の信徒が多数訪れている。多くの人が最初は講系統だけ見るとまったくつながりのない御嶽講の信徒という形で参加しているが、嶋田氏の教会の信徒や同じような境遇で参集している人たちと交流するうちに、実は先祖の行者同士が修行仲間であったとか、同じ霊場で修行していたなどの過去が判明することがある。もちろん御座の託宣によって、降臨した先祖の霊神の霊が、直接講の歴史や行者の関係性を託宣として述べることもあるが、その託宣を裏付けるような先行研究や史資料、石造物の金石文など、学術的な面から実証的に証明できるものが存在していることもあり、その際には研究者である筆者のような人間が関与することが有用な場合もある。これは研究の発展という意味でも有益なことであり、また、研究者としてささやかではあるが、研究の成果を社会にひらくという機会にもなっている。

このように、講組織を超えて形成される近年の「横」のつながりには、組織の維持発展以外の効用も含まれている。嶋田氏の教会では、このような形で元の所属講の歴史や先祖行者の来歴が従前より明らかになった信徒家族がここ数年のうちに何組もある。そのうちの一人でもある四十代の男性行者は、先祖が所属していた御嶽講について何年も前から単独で調べていたが、なかなか明らかにできなかった。それがここ最近の嶋田氏を中心とした行者間のつながりのなかで少しずつ明らかになり始め、大変ありがたいと話す。

5　おわりに

令和二年（二〇二〇）四月に出された新型コロナウイルス感染症の感染拡大に伴う緊急事態宣言以降、各地の御嶽講は、講や教会で定期的に集まる勤行を従前どおりにはできなくなった。御嶽講では参列者全員が大きな声で祝詞や経文を唱和し神仏や霊神たちに捧げることが勤行の重要な活動の一つでもあるが、それも十分にできなくなった。担い手の高齢化が顕著である御嶽講の場合、事態が落ち着くまでの数年の間にも衰退、消滅してしまったところもある。また、冒頭に述べたような、霊場の解体・撤去も各地で続いている。

しかしその一方で、コロナ禍以前より少しずつ構築されてきていた、木曽御嶽山や御嶽信仰に関わる人たちによるSNS上のネットワークはコロナ禍で急速に発達、拡充し、コロナ禍の困難を克服するための重要なプラットフォームになった。いままたコロナ以前の状態で人びとが一堂に参集し、対面での祭礼行事も行うようになっているが、一度構築されたネットワークは引き続き活かされている。かつてのような大型観光バス数台で木曽御嶽山へ集団登拝するような形態が再び戻ってくることは考えられないが、各地に点在する信仰者たちを結びつけるホームはいつも開かれている。そこにアクセスすることで拡がる世界がいまはあり、それが衰退傾向にある講組織の存続に一筋の光を与えている。

＊本章は報告書「第3章　講を引き継ぐ若手宗教者たち――名古屋の御嶽講（教会）の事例」を基礎に置くが全面的に改稿し

ている。

(1) 福谷心願講整備員会編「福谷御嶽心願講・弘法さん撤去事業報告書」(二〇二三年)

(2) 山岳修行者の越境性については、小林奈央子「〈越境〉する行者たち――東海地方の木曽御嶽講を事例として」長谷部八朗編著『「講」研究の可能性』(慶友社、二〇一三年)で詳しく述べている。

(3) 川又俊則「信仰を支えあう幸せ――「協働」牧会による多世代地域間交流」櫻井義秀編『しあわせの宗教学――ウェルビーイング研究の視座から』(法蔵館、二〇一八年)。

参考文献

川又俊則「信仰を支えあう幸せ――「協働」牧会による多世代地域間交流」櫻井義秀編『しあわせの宗教学――ウェルビーイング研究の視座から』(法蔵館、二〇一八年)七五－一〇五頁

小林奈央子「〈越境〉する行者たち――東海地方の木曽御嶽講を事例として」長谷部八朗編著『「講」研究の可能性』(慶友社、二〇一三年)二五五－三〇〇頁。

小林奈央子「講を引き継ぐ若手宗教者たち――名古屋の御嶽講(教会)の事例」(報告書「伝統宗教の「次世代教化システム」継承と創造による地域社会の活性化」(基盤研究(C)17K02243)二〇二一年)一八－三〇頁

福谷心願講整備員会編「福谷御嶽心願講・弘法さん撤去事業報告書」(二〇二三年)

第3章　次世代への信仰継承を紡ぐ神道青年会の挑戦

冬月　律

1　はじめに

現在、日本では二〇〇五年の国勢調査の結果から、人口減少社会に突入したことが明らかとなり、人口減少と高齢化問題は国家の重要課題となっている[1]。人口減少、少子・高齢化に伴い、少子化対策、労働力人口の確保、社会保障制度の見直し、地方創生など、国や地方自治体の政策は枚挙にいとまがないほどである。しかし、現状はもはや国や地方自治体の政策だけで過疎化を食い止めることは困難な状況にあり、人口減少による諸課題の解決・改善には、地域の自助努力（地元力・地域力）も必要不可欠であることが、様々な社会調査の結果からもうかがえる。そうした人口減少に関する問題は、民族宗教、地域の宗教として形成されて以来、長い間、氏子・崇敬者を含む地域住民によって維持・継承されてきた神社神道（神社を中心とする信仰形態）においても、日本のアイデンティティの構成要素の消滅につながりかねない重要課題であると考える。

筆者はこれまでに人口移動による過疎化と地域の宗教施設の関係、とりわけ人口減少や高齢化が進む過疎地域の神社神道を中心に調査研究に取り組んできた[2]。国や地方自治体では地域の維持に伝統宗教の果たす役割を認識しているが、そのことが自治体の政策や諸問題対策に対して直接的に影響を及ぼすことはない。しかし、全国各地で行われるお祭りやイベントなどに見るように、神社や寺院を活用した地域再生・地域活性化を図る自助努力の姿を目にすることは珍しくない。さらに、それらの活動は地域の担い手すなわち次世代としての若年人口の減少を食い止めるものに留まらず、地元出身者の帰郷、地域外からの移住、定住を推奨するもの、関係人口（地域と多様に関わる人びと）の創出など、広範囲にわたっている。

本章では、次世代に向けた神社の活動、特に神道青年会による活動に焦点を当て、宗教集団である青年会の活動が次世代教化システムとして地域でいかに機能しているかや、また課題や今後期待されるものなどを、実際の事例を通じて検討していく。なお、本章における「次世代教化システム」は、本書の編者であり、本研究の出発点である科学研究費助成事業（科研費）による研究代表の川又俊則氏による造語である。川又氏は、寺院や教会が行っている日曜学校や子ども会、若手宗教者の集団（青年会）、檀家や信者たちの壮年会、婦人会などを「次世代教化システム」と呼ぶことにしている。また、教化・教化活動の定義づけや位置づけは各章の執筆者の検討も合わせて参照されたい。

2　教化活動とは何か

宗教界において、神社神道のみならず、仏教教団、キリスト教団などにおいても教化活動（布教活動など）[3]が存在する。それぞれの教団によって教化活動の定義や実態も異なり、宗教教団や宗教者による教化活動を扱う研究はかなりの蓄積があるが、教化あるいは教化活動の定義を明確に示しているものは少ない。言い換えれば、「教化」ないし「教化活動」は幅広い分野において使用される用語として定着しているといえるだろう。その「教化」をめぐって、本章が対象とする神社界に限定し、全国の約七万九千の神社を包括する神社本庁との関わりから検討してみたい。

ここでは神職（神道における宗教者）資格取得のための教科書である『改訂・神道教化概説』（神社新報社、一九八八年）並びに『神社の教化活動』（神社本庁、一九八四年）における、教化に関する定義や概念などについて見ていくことにしよう。まず『改訂・神道教化概説』では、神道教化を、神社本庁憲章に記されている、神社にとって第一義の任務である「祭祀の厳修《げんしゅう》を補完して伝統護持に必要(4)」なもの、「神社神道の社会的実践活動(5)」、「神社神道の祈りを、個人生活、社会生活の中に具現すること(6)」などと表現している。そこからは神社神道の信仰が氏子の日常生活に結びついていることや、民間の風俗や生活習慣と深い関わりを持っているが、主として儀礼的伝承行為によって受け継がれてきたとし、そうした信仰的儀礼や行事として成り立っている既存の遺産の継承発展のための現代の要求に応える必要性を反映して、流動的に捉えていることがうかがえる(7)。ちなみに、同書では、教化の主体については昔も今も変わりなく「神職」でなければならないと述べている。しかし、時代の変化とともに今ではそのような考え方（捉え方）にも多少の変化が見られることからは、現代に求められる多様性との関わりが考えられよう。

次に、教化活動の事例集にあたる『神社の教化活動』では、教化活動の定義について「神社神道の正しい知識と伝統的な信仰を人びとに伝えることによって、神々の御神徳に対して、報恩感謝する気持ちを育て、一所懸命に各自の生業に励ましめること(8)」であると述べている。ただし、「神職が氏子や崇敬者におこなふ神道的理念の具体的な滲透を目的とする、一切の対社会活動を一応「教化活動」と定義(9)」する場合という前提が置かれていることから、教化活動の定義づけには仮置き的な意味合いを含んでいることがうかがえる。

他方で、もう一つ教化の概念について検討が必要なのは、近代における宗教・教育・教化との関わりから捉えることである。

近現代において、「教化」に焦点化した先行研究に範囲を広げると、当然ながら時代的・歴史的背景、または国家体制との関わりをも考察することになる。たとえば、神道における教化には「明治初期の神職の教誨活動や神宮教院の児童自立支援施設の試験的運営の実例や、また神社・神職の社会参加としての社会教育施設の建設、運営、方面委員への就任など」[10]の社会（福祉）事業も神道教化の観点が含まれており、そうした活動は、近代の国家の祭祀に類別された神社神道（いわゆる「国家神道」[11]）時代と戦後における神社と神職の対社会活動に受け継がれている。

改めて本章で扱う「教化」の場合、前後に「次世代」と「システム」という修飾語があり、従前の教化とは差別化を図っている。「教化」を用いる理由としては、宗教界で用いられてきた歴史的背景に依拠していることで採用していると理解することができよう。また、先述のように、神社神道における教化活動の主体が「神職」という宗教者に限定されているのに対し、次世代教化システムの場合は、主体には「信者を含む一般人」が含まれることが特徴である。ただ、用語からは判断できないため、一時は代替用語も考えたが、やはり宗教団体・宗教者が中心となる活動が主流である現状を踏まえると、代替用語を先送りにせざるを得ないと考える。

以上のように、定義づけの検討作業を通して、現時点における「教化」が依然として定義が曖昧なままで使用されていることが明らかになった。さらにはそれを受け、今後も継続する本研究全体にかかる重要用語としての「教化」をめぐる検討の必要性も浮き彫りになったことを指摘して、次の節では教化活動について見ていく。

3　神社界の教化活動の動向
——戦後から現在に至るまで——

本節では教化活動の動向について、歴史的な変容を中心に確認しておきたい。

昭和五十年代までは、社会の変化において教化活動の必要性が高まっていく時期であった。教化活動は、過密化による新旧氏子を対象にした団地対策をはじめ、人口移動による過疎化や、他郷在住（藤井正雄による「宗教浮動人口」）の氏子対象の対策、団体活動といった、氏子を対象にしたものが目立つ。例として趣味・クラブ活動、子ども会、保育・幼稚園、氏子青年会、婦人会、林間学校、といった団体や施設運営での活動が挙げられる。主な教化活動については**表1**を参照されたい。

その後、人口減少社会・高度情報化社会の影響、家庭行事・年中行事・人生儀礼が地域縁から個人または選択縁に移行するといった、人びとのライフスタイルの多様化などのいわゆる時代の変化を意識した活動も散見されるようになった。活動の多様化に加え、活動構造も複雑化してきている。例として、神社力×地域力×外部力による観光×文化体験×祭礼の活動がある。また、神社・神職（青年会／超宗派／超宗教）の連携による行事や、複数の活動を展開する場合などもある。一方で、集合住宅の住民を対象にした活動や、成人式の祝い、氏子青年会のように、今では衰退または活動としては成立し難くなったものもある。

現在も教化活動は、例として境内での榊《さかき》植樹で採取した榊を希望する氏子・崇敬者（地域住民を含む）や神職に頒布するといった神職個人の小規模活動から、地域神職（隣接する神社）の連携による中規模活動や、地域の商工会議所や観光協会とのコラボによる大規模（広域）活動まで、次世代教化を目的とした様々な活動が展開さ

表１　主な教化活動

活動内容の特徴
1）神社本庁が定める教化活動に該当するもの 「講演会」「各種展示会」「映写会」「音楽会」「芸能会」「旅行会」「競技会」「ラジオ体操会」「各種の教室」「各種宮市」「氏子による鎮守の森の保護育成」「学校総合学習」など
2）神社本庁が定める団体活動に該当するもの 「子供会」「日曜学校」「スカウト団（ボーイスカウト・ガールスカウト）」「青年会」「婦人会」「各種の講（含崇敬会・奉賛会）」「各種の会（含保存会・研究会・趣味の会）」など
3）モデル神社指定を受けた神社の活動に該当するもの モデル神社（正式名は「神社振興対策指定神社制度」）は各神社庁管内より教化モデルとなる神社を選定し，1期3年間で1975年より開始された。13期にわたって660社の神社が指定を受け，様々な活動を展開しており，活動成果は『神社振興対策指定神社活動報告』（第9期からは教化モデル神社活動報告書）としてまとめられている（非公開）
4）過疎地域神社活性化施策の活動に該当するもの
5）その他 ①毎年（イベントとして）行われるもの（定期的なもの） ②神事以外の奉納行事（伝統芸能の復活・復興）の一環として行われるもの ③特殊事例（天皇御即位，御在位，御即位30年記念などの奉祝行事） ④対象が，神職・氏子総代／神社の氏子・崇敬者のみ／一般人（他地域）を含む
従来の教化活動の大まかな分類（『氏子とともに』・『神社の教化活動』より）
1）祭典の振興／祭りの復興と新設 時代に合わせた祭り・伝統芸能の復活（復興），子供会結成，氏子組織の再建，他郷氏子対策など
2）地域社会へのよびかけ 団地対策（神札，神宮大麻増頒布活動），神社経営の病院／施設，文化活動など
3）人生儀礼・年中行事 集団七五三祭，立志祭，金婚夫婦招待し祝賀会，七夕飾りコンクールなど
4）青少年を対象に 子ども祭り，林間学校，日曜学校，縁日，ボーイスカウト，文武両道の訓育など
5）組織活動／新しい組織づくり 敬老祭，命名児の無料健康診断，早朝禊会，ミニマラソン同好会，総代連合会の結成など
6）教化施設／神社施設を利用して 保育園，海洋・御祭神事蹟博物館，陶芸教室，書道教室，神葬墓地の運営など

れている。また、こうした地域を巻き込んだ神社（神職）の活動は「教化活動」の一環として、神社界唯一の業界紙の『神社新報』および神社本庁の機関誌である『月刊若木』のほかに、各神社庁の『庁報』、各神社の『社報』などで広く報じられている。ただ、いずれも宗教関係者（宗教者・信者）向けであり、活動内容の一部を新聞・雑誌・テレビ番組を通じて特集、ドキュメンタリーなどで報じられることはあるが、神職の活動を一般人が知る機会は少ない。重要なのは全国には約七万九千の神社があり、伊勢神宮や嚴島《いつくしま》神社、出雲大社、明治神宮、伏見稲荷神社など、年間数十万から数百万の人が訪れる著名な神社から、数名から数十名で祀られている過疎地域の神社まで、規模こそ異なるものの、多くの神社では宗教的儀礼のほかに地域内で何らかの活動を行っていることであり、さらには神職個人による多種多様な活動（ボランティア、社会事業）の存在は看過できない。

4　神道青年会について
――活動実態調査の結果を中心に――

神社神道の関係団体のうち、神道青年全国協議会、神道青年会はともに神社を中心に集まった青年神職の組織であり、氏神様や崇敬神社の発展や地域振興に関する様々な活動を行っている。

本節では筆者が二〇二二年七月に、神道青年会に加入している複数の神職（一〇一名）を対象に実施したアンケートの結果から、神道青年会の活動状況を概観してみたい。

概観に先立ち、神道青年会の組織に関する基本情報について確認しておく。神道青年会は地域によって年齢やメンバー数に多少の差はあるが、基本的には神社に奉職する四十歳までの青年神職が中心となって都道府県単位で組織される。また、運営体制については役職として会長・副会長・事務局（長）・監事・会員（役職なし）の体

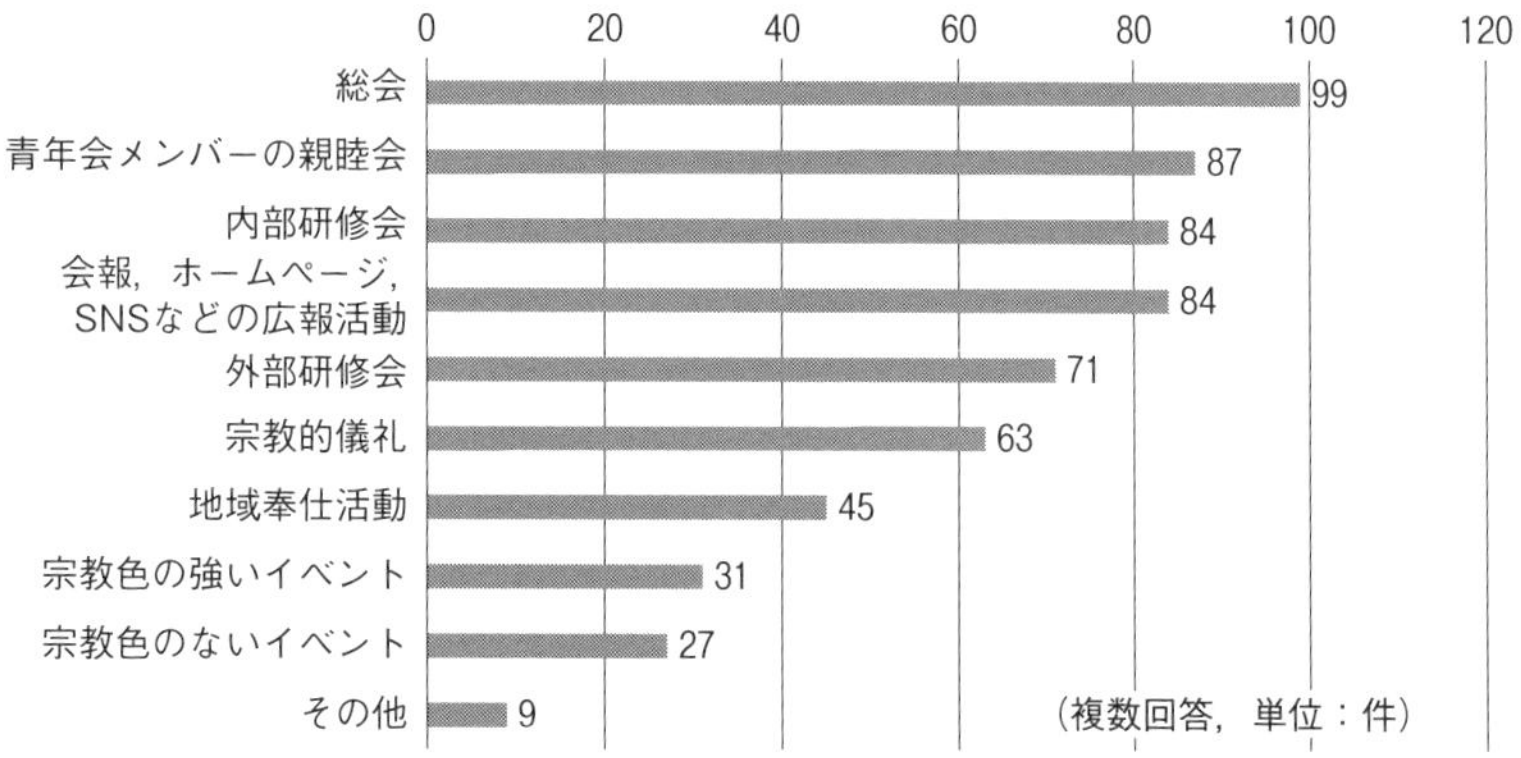

図１　神道青年会の活動

制で運営されているケースが一般的である。

（1）神道青年会の活動状況

まず、**図1**は神道青年会の活動状況を尋ねた結果である。比較的に回答数が多かったものは「総会」「青年会メンバーの親睦会」「内部研修会」「会報、ホームページ、SNSなどの広報活動」「外部研修会」「宗教的儀礼」で、これらは共通して実施している活動であるといえよう。また、「その他」の活動としては、植樹事業、教誨活動助成、刑務所（受刑者対象）での大祓式、復興支援活動、他県の神道青年会との交流会、ボーイスカウト関連キャンプ会場での宗教的儀礼（超宗派）、園児を対象にした神話の読み聞かせ活動、資料調査、書籍発刊、役員会、各種委員会、朱印展などの回答があった。調査結果ではその理由を解明することはできないが、これらの活動が選択肢の「宗教色の強いイベント」「宗教色のないイベント」「地域奉仕活動」として回答されていない点は興味深い。

（2）次世代向けの活動

次に、神道青年会が次世代向けに行っている活動について尋ねてみた。**図2**はその結果である。ちなみに、ここでいう「次世代」は主に

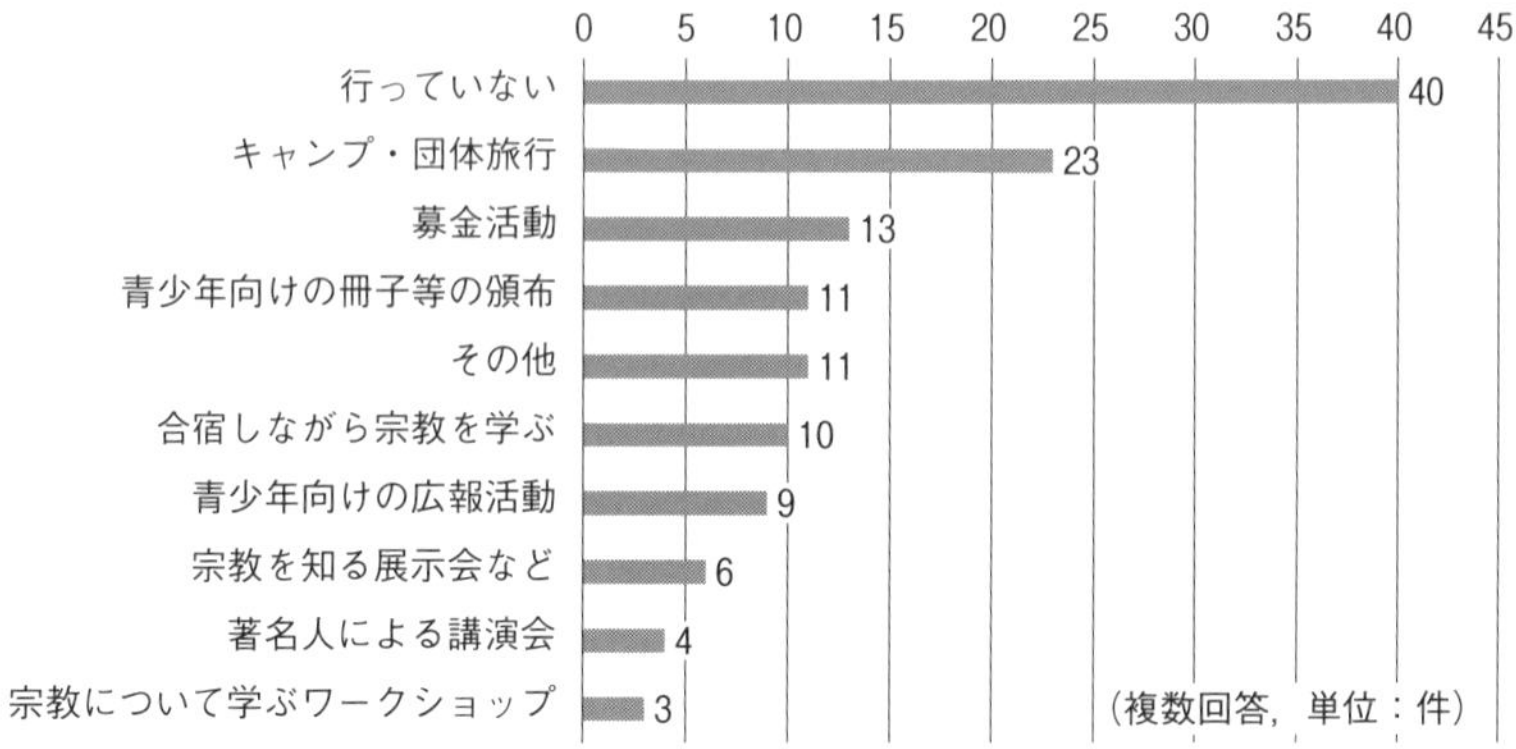

図２　次世代向けの活動

未就学児・小学生といった将来の担い手を対象にしている。グラフでもわかるように、最も回答数が多かったのは「行っていない」で、それ以降「キャンプ・団体旅行」「募金活動」「青少年向けの冊子等の頒布」「その他」「合宿しながら宗教を学ぶ」などが続く。

「その他」の回答としては、公立学校に訪問しての装束着装体験・雅楽鑑賞会、神話読み聞かせ、小学校で雅楽演奏会、子どもたちを引率して登山しながら神社を知ってもらう、子供神輿《みこし》、紙芝居、神職の身内や親類といった神職子弟の集いなどがあった。

(3) 神道青年会活動の課題

アンケートでは青年会の課題についても尋ねた。回答が多岐にわたるため、グラフには示さないが、結果では「青年会員のイベントへの参加者が少ない」「入会候補者が少ない」「所属する神社が忙しく、青年会活動に参加できない」が共通して回答数が多かった。また、他の意見として、「兼務の神社以外の仕事もあり、活動に参加できない」「女性神職が少ない」「青年会の運営が難しい」などがあった。これらの回答については、神職の現状と大きく関わるところであり、説明が必要であるが、紙幅に限りがあるため、ごく簡単に補足する程度にとどめておきたい。

先述したように、全国には約七万九千の神社があるが、担い手である神職数は神社数の三割にも満たない二万人程度である。このことは一人の神職が複数の神社を兼務していることを意味する。また、神職には複数の神社を専業とする者もいるが、その数は少なく、むしろ公務員や会社、自営業などの本業を営みながら副業的に神職をやっている者が圧倒的多数である。これらのことが、普段私たちが近所の神社にお参りに行っても、神職（宮司・禰宜・神主と呼び名は様々）が常駐しないことの理由にもなっているのである。

実際の青年神職の例として、筆者の知り合いの例を挙げてみよう。神職Aさん（四十代）は奥さんと子ども一人の三人家族で、本務神社のほかに三十社を超える小規模神社を兼務する専業神職である。もう一人の神職Bさん（四十代）は、奥さんと子ども二人の四人家族で、普段は運輸業や農業に従事しながら本務神社のほかに十五社ほどの小規模神社を兼務する兼職神職である。両者ともに社家（神社の生まれ）出身で、実際の神社に奉職しながら経験した、青年会活動について以下のように振り返る。

Aさんの場合、他の神職の持つ平均兼務社数よりも多くの神社を兼務しているため、お祭り、伝統行事、通過儀礼、人性儀礼といった神社での行事日程の調整にかなりの労力を要する。神社ごとに行われる祭礼や行事が年に三、四回（主に季節の変わり目）のほかに、伝統行事や車祓い、安全祈願、安産祈願、商売繁盛、開運・厄除祈願などの日常的な祈願と七五三、冠婚葬祭などの通過儀礼への祈祷の対応に追われる日々を送っている。住民との相談で祭礼を同日に行う場合もあるが、それでも一日あたり二、三か所が限界である。近年は祭礼日や行事が住民の要望によって週末や祝日に行われるケースが増えたため、週末はもちろん、子どもの長期休み、年始年末でさえ家族との余暇を過ごすことも許されない。一応、青年会には加入したものの、祭礼日や行事と重なることが多く、少しの暇ができたときは地域活動を優先しがちで、青年会活動のほうは、意欲はあってもなかなか参加することができない状況が続いた。似たような状況でありながら青年会の活動に参加する他のメンバーの存在を知り、羨ましいと思う反面申し訳ない気持ちを抱いたという。

一方で、兼職のBさんの場合、普段は本業の運輸業に従事しており、神社での祭礼や行事の日に休みをとって対応していた。神職が本業ではないが、神様に対する神事や地域住民を巻き込んだ行事などでプライベートの時間がないのはAさんと同じ状況である。むしろ、本業と副業の仕事内容は本質的に前者が生計、後者が地域のためであることから、異なる仕事の日程調整でかなり大変なので、神様や地域住民には申し訳ない気持ちでいっぱいだが、自分の子どもには神職となって神社を継ぐことを勧めていないようである。

このように、専業・兼業を問わず、神職たちはそれぞれ異なる状況下で神社と地域での活動を行っている様子がうかがえる。重要なのは、このような事例に挙げたケースはどの地域でも、特に地方では顕著な現象としてリアルに生じているということである。

日本は今や人口減少社会に突入し、少子高齢化が加速度的に進んでいる状況は、青年神職にとっては、これまでに地域に根ざして文化形成、伝統維持に機能してきた神社神道の担い手をしっかり務めると同時に、次世代育成の責任もかかってくるといった二重苦、三重苦の時代を生きているといえよう。さらには、そのことは地域から信仰の場や継承する者がなくなることが、世界の平和、人類を幸福にすべき宗教の公的役割に影を落とす要因となることを示唆しているというのは筆者の飛躍しすぎた考えだろうか。

5　神道青年会の活動事例紹介

前節までの内容を踏まえたうえで、本節では実際の神道青年会の活動事例として、全国に先駆けて青年会を結成した富山県神道青年会の「神社に泊まろう ｉｎ 黒部」（二〇一六年七月二十七・二十八日実施）を取り上げてみたい。

富山県神社庁では教化活動として、年中行事、ひな祭り（等身大のひな人形を着装して幼稚園に出向いて説明する活動）、神話の紙芝居、庭燎の集いを定期的に行っている。そのうち、「神社に泊まろう・in 黒部」[12]は、地域の次世代、特に地域の子どもたちを対象に「いかにつながりの中で生かされているのかを、実際の体験から学んでもらうか」を目的として企画されたイベントである。

企画については、当時の実行委員長・委員らが、子どもの育成につながる活動を模索していたところ、「地域の子どもがイベントの主役となって神事に参加してはどうか」という意見が出たことがきっかけであったという。また、富山県神社庁では以前から毎年実施している青少年育成活動があったが、このイベントは青年会発足七〇周年記念事業として、富山県神社庁の掲げる「伝統の受け継ぎ」に特化した新企画として企画されたものでもある。

この企画のねらいの中心は、「神社境内を資源として活用して、子どもを遊ばせること」である。その背景には、まず氏子の地域神社に対する関心が薄い、次世代継承への危機といった問題意識があり、次に、従来の活動の改善・刷新があった。具体的な改善策としては、①従来の活動において主な対象者であった神職の子ども（旧神道少年団）枠を一般に広げる、②従来の神道青年会による、夜の神社の姿を知ってもらう「夜間参拝」のような恒例行事でも半日行事であり、氏子と触れ合う時間が短い反省点から、開催時間を泊まりがけに拡大する、の二点である。

さらに、具体的な企画内容については、子どもを対象にした活動が盛んな地域として知られている東京都神社庁、長野県神社庁、埼玉県神社庁などでの成功事例を参考にしたようである。実際に企画の段階では神社庁や活動の視察も行っている。

（出所）富山県神道青年会提供

図３　「神社に泊まろう in 黒部」活動の様子

他方で、参加者募集については、富山県全体に向けての周知を建前に、実際の広報は黒部の氏子区域内の氏子約二千世帯内の四年生以上の小学生を対象に行った。イベント実施の四か月前から企画打ち合わせを重ね、三か月前に本格的な広報活動を行った。具体的には、折り込みチラシ約二千部を神職が手分けしてポスティング配布を行い、そのほか、ＳＮＳ、ホームページ、回覧の活動に加え、ＰＴＡの協力を得て宣伝活動も実施した。泊まりがけという初の試みの不安もあったが、青年神職らの熱心な広報活動の効果もあってか、イベント当日は開催地の黒部市に位置する八心《やごころ》大市《おおいち》比《ひ》古《こ》神社《じんじゃ》の境内《けいだい》に十六名の参加者を迎えての開催となった。二日間にわたって開催されたイベントでは、白衣・はかまを着装した子どもたちは、正式参拝、社頭講話、朝・夕方のお参りといった普段は経験することのない地域神社の行事を体験するほか、鎮守の森（神社境内）を活用した自然遊び（ネイチャーゲーム）、ものづくり、古代の火起こし体験（「庭燎の祈り」）、お粥づくり、花火、習字体験（祓詞浄書《はらえことばじょうしょ》）などの多彩なプログラムにも参加でき、特に自然遊びは子どもたちに大変好評だったようである。

神事のみならず、子どもたちの興味関心を把握して構成したプログラムからは、大人と同様の信仰活動を子どもが自ら体験することで神聖なる存在としての神社に触れ合うことができる、境内を活用したイベント体験では地域神社の公共性を知ってもらう、という企画のねらいが到達目標につながる仕組みとなっていることがうかがえる。また、それを可能にしたプログラムの作成には、青年神職ならではの強みである思考の柔軟性、決断力、行動力、協調性などが生かされた結果であると思われる。

以上、富山県神道青年会による活動事例を概観したが、宗教者であると同時に地域の一員でもある青年たちが、神社と地域の振興に対して日々考え、努力し、その実践として企画されたこのイベントは一定の成果を上げているといえよう。それと同時に、このイベントでは課題も浮き彫りになった。「神社に泊まろう」の場合、企画の段階から実施までに議論となったのは参加者の選定方法・基準と安全対策・リスクへの対応であった。実際に参加者応募開始時から、複数の親御さんから、集団での参加可否や様々な事情を抱える子どもへの対応の相談を受けており、一般人を対象にしたイベント開催の経験が少ない青年会は、それらに対する明確な対応策を持たないままイベントの当日を迎えたため、半ばぶっつけ本番に近い状態であったという。幸いなことに、参加者が定員内に収まったことと、特別な配慮を要する参加者はいなかったことで無事に終えることができている。しかし、こうしたリスクマネージメント能力は今後も活動を展開するうえでも必要不可欠であることはいうまでもない。

課題のもう一つは、経済的・運営的課題である。今回のイベントは地域の子どもを対象にし、宿泊を伴う活動としては初の試みであり、イベントにかかる経費すべてを神社側が負担（子どもたちの負担は実質的に保険料五百円のみ）し、運営スタッフも十名の青年会メンバーの神職が交代しながら二十四時間体制での開催であった。しかし、これが想像以上の重労働であり、イベント終了後の振り返り会において、イベントにスタッフとして参加した神職から「正直、きつかった」「神社庁の援助があったので何とか実施できた」などの意見が多数出ており、次回以降のイベントでは重点的に検討していきたい申し送り事項となったようである。実際に、筆者も当時使用していた経費内訳やスタッフのスケジュール表を見たが、経費が思った以上にかかっていること、またスケジュールではスタッフの動きが分単位で示されており、勢いや意欲だけでは到底こなせないほどの業務量であったことを確認している。

改善すべき課題はあるものの、富山県神道青年会は長い歴史とともに、古くから伝わる地域の風習[13]の継承と、「次世代の担い手に少しでも神社のことを知って、関わってもらいたい」という信念を持って、常に新たな活動を模索し続けている。実際に、他の宗教者との勉強会や地域の青年会活動にも積極的に参加し、情報交換も行っていることがそれを裏づけている。

6　おわりに

巨視的な立場での活動、いわば布教活動が教団による教化活動であるとすれば、現行の信者と次世代の人びとに対し、個々人の持つ信心に直接的に働きかける、うったえかける活動に取り組んでいるのが青年会活動ではないだろうか。青年会メンバー全員が同一活動に参加することが前提となるが、教団による活動に比べて青年会は組織規模が小さい反面、意思決定プロセスにおいて企画の承認から活動実行までの時間や手続きも短縮できるといった利点がある。実際のところ、各神社庁による活動は規模や内容面において格差が大きい一方で、青年会の活動においては一部を除いて大きな格差は少なく、地域の特性を上手に活用して継続している活動も少なくない。

また、構成員が青年層であることから、青年会が企画するイベント案内や参加者募集などの広報活動においても、社報や新聞折込みチラシといった既存の広報ツールに加え、情報化社会ならではのフェイスブックやツイッター（現「X《エックス》」）、インスタグラムなどのＳＮＳを活用している場合もある。今後、そのような広報活動が活性化することで、地域内での神道青年会の活動が広く伝わるとともに地域の宗教としての神社がより身近な存在として認識されることを期待したい。

＊本章は、報告書「第2章　神道青年会の活動に関する現況と課題――富山県を事例に」を基礎に置くが全面的に改稿している。

（1）国立社会保障・人口問題研究所 https://www8.cao.go.jp/shoushi/shoushika/whitepaper/measures/w-2006/18pdfhonpen/pdf/i1010400.pdf

（2）筆者による過疎地域の神社を対象に行った調査研究の詳細は、拙著『過疎地神社の研究――人口減少社会と神社神道』（北海道大学出版会、二〇一九年）を参照されたい。

（3）宗教団体において「信仰を広める活動」を指す用語として、「布教」「教化」「伝道」などがあり、目的によって使い分ける場合がある。

（4）庄本光政・渋川謙一『改訂・神道教化概説』（神社新報社、一九八八年（増補改訂初版））一九頁。

（5）前掲書、二一頁。

（6）前掲書、二二頁。

（7）前掲書、二一頁。

（8）神社本庁編『神社の教化活動』（神社新報社、一九八四年）、序。

（9）前掲書、同。

（10）藤本頼生『神道と社会事業の近代史』（弘文堂、二〇〇九年）四六八頁。

(11) 阪本是丸「近代宗教法制度と国家神道——明治期を中心に」(『宗教法』二九、二〇一〇年)五六頁。

(12) 富山県神道青年会主催、富山県神社庁教化委員会青少年対策部会共催・後援。

(13) 富山の風習の一つに「神役」(じんやく、しんやくさん)というのがある。「神役」とは、神職を手伝う信仰集団を指すもので、昔から富山の西部によく見られるとされる。祭典における神職の助勤が主な役割であるが、神社から依頼する場合もある。

参考資料

佐野和史「神道教化の時代区分」(『神道宗教』一九〇、二〇〇三年)

庄本光政・渋川謙一『改訂・神道教化概説』(神社新報社、一九八八年)

神社本庁編『神社の教化活動』(一九八四年)

神社本庁『氏子とともに』(一九七三年)

平井直房『神道と神道教化』(一九九三年)

藤本頼生「子育て支援と境内地の活用——神道的福祉の実現の場としての神社の可能性」(『國學院大學伝統文化リサーチセンター研究紀要』一、二〇〇九年)

藤本頼生「神社神道の福祉事業史——神社本庁の教化活動を中心として」(『皇學館大学神道研究所紀要』一九、二〇〇三年)

コラム2

神社の護持を考える

秋葉山本宮秋葉神社
河村忠伸

神社は氏子からの喜捨によって成り立っており、氏子集団（地域）と盛衰を共にする。すなわち氏子（地域）が栄えれば社殿も整備されるのであり、氏子に余力がなくなれば神社の祭祀や修理が滞ることになる。過疎地域においては人手不足などにより「まつり」が充分に執行できない、社殿の修理ができない、といった「神社護持問題」が発生している。この問題に対し神社の側では、転出しても「まつり」のときだけ帰ってきてもらうといった努力を積み重ねてきた。しかし、日本はこれから総人口が減少していくため、氏子の減少とそれに伴う護持問題は過疎地域だけではなく、すべての神社の問題としてますます深刻化していくだろう。

また「先祖代々守ってきた神社だから」と別の職業をしながら私財やプライベートの時間を使って神社を守っている「兼業」、一人が複数の神社を管理する「兼務」など神職の献身によってかろうじて護持できている面も少なくない。だが、こうした過剰な負担が神職の後継者不足の一因になっているのも事実である。

護持問題の解決策として、江戸時代の伊勢詣や金毘羅詣のように他地域からの参詣者を増やそうという試みもなされている。参詣者が全国から集まれば神社だけではなく、地域経済も活性化する。地域経済が活性化して門前町が形成されれば、その賑わい目当ての観光客も増え、そのなかから信仰に目覚める人も現れる。このように観光客の増加は地域への経済効果だけではなく、信仰の拡大にもつながるのであって、門前町の形成は神社護持の理想形の一つだと言える。しかし、門前町の創出と継続は容易ではない。有名な門前町は宗教者が全国を廻って信仰を広め、地域住民も参詣者を迎え入れる努力を積み重ねてきたからこそ賑わっているのである。さらに自動車の普及によって門前町での宿泊や休息が減り、日帰りや複数の社寺・観光地巡りが増えた。交通の発展により参拝者が多くても門前町が形成されにくくなったのである。そのため年間参詣者数は減っていないが、門前町は寂しくなったという現象も見られる。歴史的に見ても門前町を有する神社は例外であって、氏子しか参拝しない神社が圧倒的大多数なのである。

観光名所になることが神社の役割ではない。そもそも神社とは神が鎮まり祭祀が執行される場であり、神社を護持するとは祭祀（まつり）を守り伝えることに他ならない。「まつり」を通じて地域住民の精神的なつながりをつくり、地域の歴史や文化を伝える精神的な拠り所になることが地域社会に対する神社の本来の役割である。だからこそ人々は観光名所になっている神社もそうでない神社も等しく大切にしてきた。

そのため参詣者を増やすことばかりではなく、負担を軽減し少ない氏子でも護持できる方法も考えていかなければならない。その観点から社殿の縮小も有効な護持の方法である。現在、われわれがイメージする神社よりも江戸時代の神社は小規模であった。高さ数十センチの小さな祠、注連縄を巡らせた神木だけの神社、石碑だけの神社も珍しくなかった。こうした形態であれば修造費はほとんどかからない。江戸時代に数十万社以上の神社を現在よりも少ない人口で護持できていたのは維持費のかからない形態の神社が多かったからである。それが明治時代以降、人々が立派な社殿を志向し、内務省もそれを奨励（神社整理など）し、本殿・拝殿・手水舎・社務所・鳥居を完備した神社へと拡充整備していった。それに伴い修造費をはじめとする維持費も倍増していったが、人口が増加し、経済が成長し続けた時代は氏子集団にも余力があったので問題にはならなかった。ところが現在のように人口が減少すると氏子集団で維持するのが困難になる。このような歴史的経緯から考えて、人口が減るのであれば人口の少ない時代の神社のかたちへ回帰するのも一案であろう。勿論、神に対し立派な社殿を寄進したいと思うのは信仰者として奨励されるべきことである。しかし、回帰するにも尊厳を守る工夫は必要である。しかしながら立派な社殿を維持することが目的になってしまい、氏子の心が神社から離れて、祭祀の形骸化と信仰の空疎化を招くのは本末転倒であろう。たとえ今ある社殿より縮小することになっても、その時代の氏子集団でできるかぎりの祭祀を続けることが神祇信仰の本義だと私は思う。

このように神社護持とは経済基盤を確立すれば解決する問題ではなく、神社とは何か、祭祀を守り伝えるために神社はどうあるべきかから考えていかねばならない問題である。

第4章　宗教文化の社会的協育から育む地域と観光
――地域社会で生きる宗教者、信者、そして普通の人びとに着目して――

郭　育仁

1　宗教文化創造の視座

（1）宗教の社会的協育へのアプローチ

人口減少が進む現代の日本社会において、伝統宗教の維持や信仰継承の問題がいわれて久しい。この章は、信仰継承と地域振興という二つの「しんこう」を扱う。なぜなら、人口減少に起因した社会的・経済的問題を伝統宗教とその周辺地域が共有[1]することができると考えたからである。課題共有のプロセスを経て、解決の糸口が導かれるかもしれない。

一方、寺社参詣の文脈において、地域の外部からの旅行者の出現は決して新しい出来事ではない。[2]地域資源という見方をすれば、宗教文化はその見せ方次第で、宗教それ自身の信仰継承はもちろんのこと、地域の課題解決につながることもありうる。そこには宗教・地域社会・観光を総合的に捉え直す宗教文化創造の視座が存在するのではないかと考える。本章はそうした視点に基づいて、伝統宗教と地域に携わる人びととの、現代社会を生きぬくための思いとエネルギーを考察する。実際、思いというものは断片的で一瞬で消えてしまうだろう。だからこそ、それを形にしたエネルギーとその過程を看過できない。地域振興を扱う本章を通してこれらに触れていただきたい。

社会生活のなかで、宗教は聖なるもの、もしくは死と深く結びつくものとして広く認知されている。しかし、その対義語として、聖に転じる以前の俗なるもの、死への理解に至るまでの生の喜びを知るプロセスもまた、宗教への入り口であり、宗教の裾野が広いということで理解して差し支えがない。全国にわたる盆行事・踊りや賑やかな祭礼の見物事象を通して宗教と観光について考えるとき、見方は唯一でないことを示唆している。その現場に見られる観光現象、ホストとゲストの行動にみられるように、決して宗教の存在を全否定するのではないのだ。むしろ、聖と俗は双方向に刺激し合い、時には対峙しつつも、そのなかで紡ぎ出された喜怒哀楽の物語が現代宗教の新たな地平を切り開いてくれるものと筆者は考える。

序章**2**で示した「次世代教化システム」に示されたように、宗教・信仰の継承を担う者について、従来の宗教者養成機関にとどまらず、広く地域社会を活動の場とし、宗教に何らかの関わりを持つ普通の人びとも関与しうることがわかる。その意味において教典の宗教のそれに限定せず、地域社会を取り巻く宗教文化の継承と再創造を図るための〝宗教の社会的協育〟という視点が浮かび上がるように考えられる。したがって、教室内で上から下へと施す教育から広がり、地域のなかの協育を考えるにおいて、観光・文化政策学者の井口貢が指摘した〝共感〟と〝協働〟に傾聴すべきものがある。

およそ教育には協育の視点が必要である。学際性を要求される観光教育ならばなおさらのことであるし、

（中略）地域とそこに住まう人々に対して共感することができるという感性の力の涵養が要求されるまちづくり教育・観光教育においては、多様な人々と多様なセクターによる多彩な協働が子どもたちを育て、次世代を育成していく。[3]［井口 二〇〇七］

次世代教化システムの現場すなわち地域を構成する宗教者・信者・一般の人びとの間で共感が育まれ、未来志向的に地域活動を展開していかねばならない。換言すれば、対等的な関係において学び合い、対象宗教の諸産物と自分の関係性を当事者らが捉えなおすということができる。こうして、一人ひとりの暮らしのなかに溶け込むべく、宗教に関わる様々な活動や諸営為はより親しみやすく、身近なものに変容している。

（2）信仰なのか、観光なのか

答えは唯一ではないことを教えてくれた毎年の光景がある。それは、のちに触れる京都・嵯峨嵐山の嵯峨祭で見聞したものである。還幸祭は毎年五月の第四日曜日に決まっていることから、筆者は神輿巡幸の担ぎ手として参加している。祭礼の行列は大覚寺（真言宗大覚寺派本山）に向かう沿道で、門前町に住まう住民の老若男女は家族連れで出迎えてくれる。神輿担ぎの掛け声に合わせて騒ぐ子どもたち、自ずと手を合わせる大人たち、あるいは、親族の遺影を抱えて見物する方もいる。神の渡御に関わる聖なる時空において、それぞれの今を大切にしている生活者の思いによって宗教文化との会話がなされている。同時に、子どもの元気な喜びの声にふれる大人たち、親や大人たちの所作に身近で接した子どもたち、それぞれが体得した宗教文化があって、場の雰囲気を共有している。そうした非日常的な空間は、暮らしの記憶、ひいては旅行者の思い出となることを手伝うとともに、感性を涵養する場でもあった。コロナ禍の経験を生かし、デジタル・ツールによるコミュニケーションはさらに飛躍する流れのなかで、一つのスクリーンで収まりきれない信仰の継承と観光文化が消えては寂しい。こうした幸せな光景は、皆さんの身近でも確認することができないか。

しかし、程度の差こそあれ、対象となる宗教文化は、観光化、観光用といった懐疑的なまなざしが投じられるのはまだしも、政治的な危険性を孕むものとして指摘されかねない。宗教学・観光学者の岡本亮輔は、観光対象と見られるパワースポットの大半は神社であることを整理したうえで、地方自治体による地域開発・観光開発において避けては通れない政教分離問題を検証することにより、地域側、すなわち、そこの住人の多くにとって神社・神道は信仰される存在というよりはコミュニティーへの所属が実態だと指摘している。[4]また一方、政治官僚と宗教家の活動実態を考察した櫻井義秀の論考では、公共宗教の議論はまだ一部の人たちに限定されているのではないかという。[5]さらに、これらの論考に先行した、同じく櫻井が問題提起した信仰者のウェルビーイングに着目した研究は記憶に新しい。そこに、宗教のもたらした個人の主観的体験、すなわち、氏の言葉でいう「宗教を生きる人たちの生活実感に迫る」[6]ことにより、宗教研究ないし実態としての宗教社会に持続可能性が見出されるのだろう。

より民衆の生活に寄り添って考究する、民俗学・文化人類学の知見から学ぶことがある。リアルな生活現場や政策論的批判の限界を超克するために、アメリカの公共民俗学の知見を通して菅豊は、第三者的な観察者にとどまることなく、「文化の仲介者（cultural brokers）」[7]として地域社会への参画を提唱したうえ、民衆による自分からの伝承と再創造の意志を見つめるように注意を促している。文化人類学の分野においても文化の真正性をめぐって多くの論争が繰り広げられるなか、「文化には本物も偽物もないというべきであろう」[8]という、観光人類学者として知られる山下晋司の知見は興味深い。

これまで宗教の捉え方は、狭義の文化として捉えられがちであったとしても、民衆の手によって作り、受け継がれてきたことは明白である。そうである以上、その再創造の意志――できれば、フィールドワークや聞き取り調査を通して、その担い手の意思（思い）――をわれわれは尊重し、共に考え、活動することもまた、もう一つの宗教文化の形成なのではないかと考えている。誤解を恐れずにいうならば、現代においてわれわれが認識する観光資源や文化資源という観光対象の大半は、それぞれ旧時代の流れのなかで生み出されて、楽しんだり、学んだり、あるいは、祈り敬う対象なのである。

（3）エキスパートではなくとも宗教文化の担い手

新たな歴史・文化を作る権利は今を生きる人にもあるということである。ただ、歴史・文化の創造において自由な発想やチャレンジ的な実践はむろん理解されなければならないし、事業性の構築にかけた当事者らの工夫も見逃さないようにしたい。国の光を観て学ぶという、観光の本義にならったように、宗教文化としての資源的価値は、レジャー消費を超えたところで旅行者の記憶に値するもの、すなわち何かを学び得た喜びがあって然るべきではないかと考えられる。宗教・地域社会・観光が如何に有機的に結合し、宗教自体を取り巻く社会的環境を創造的に継承していくかが問われている。

筆者は、宗教文化の担い手についてこれまでもっぱら地域住民とその組織を中心に見てきた。本章をきっかけに、宗教者も地域の一員・生活者であり、民衆的な一面を有していることに気づく。一般の社会通念では、宗教者とその宗教的勤め先となる宗教施設は支えられる存在である。しかしながら、宗教者は（多くの場合）祭祀行事に関する知識保有と実践者の一人であり、日々勤しむ宗教施設等の維持・管理を担う経営者的な側面もある。地域社会への関わりに目を向けると、様々な場面（市民団体や公的組織）において意見を述べる一人であるほか、新たな事業の発案者でも十分たりうるというのである。後者に関して、念のために付言しておくが、宗教文化の継承と再創造に見られる各事業の現場において、リーダーシップを発揮する宗教者への着目は、決して当該宗教者をカリスマ化することを意味しない。優れたアイディアというのは地域社会のなかで共感（あるいは、承認）を得ることが必要であるし、一つのビジョンにしろ、目指そうとする社会のあり方に向けて協働し、実践を伴わなければならないからである。

2　まちを結ぶ社・石浦神社

（1）暮らしの物語に立ち会う社

ここで金沢の風土と石浦神社の歩みを確認しよう。石浦神社は、金沢市の中心街地に位置しながら、伝統と現代に象徴される学術文化ゾーンに埋もれていた。藩政時代の金沢城下町の寺社は武家文化と真宗寺院の隆盛で独特な信仰風土をなしていた。明治の維新以降、街全体が軍都・学都へ移行され、政治的要請とそれに連動した戦勝祈願の信仰風土が強まっていた。戦後復興の流れのなかで非戦災都市であった点に加えて高度経済成長期の開発の波を食い止めた都市計画の一貫性から、都市全体の発展とともに、市内の神社仏閣の数が増加する傾向にあった。

当該神社は石浦郷七ヶ村の総社（神仏習合）～石浦神社（神仏分離）として歩み、藩政～軍都時代までの間に政治社会的に求められた信仰のあり方に応えていながら、中心的な信仰風土と相対的な位置にあったと推察する。さらに戦後市内の開発とあいまって、神社周辺を取り巻く環境には文化施設群が林立し、学術文化ゾーンの性格をより顕在化させたことにより、金沢最古の社はこの街に静かに寄り添うような存在であった。

由緒正しく、立地条件も恵まれるなか、参拝客で賑わう社とも思われるが、そうではなかったようだ。地域振興と信仰継承の維持で、二つの「しんこう」の狭間に生きるための選択とその実践は次節で述べるが、実際、次

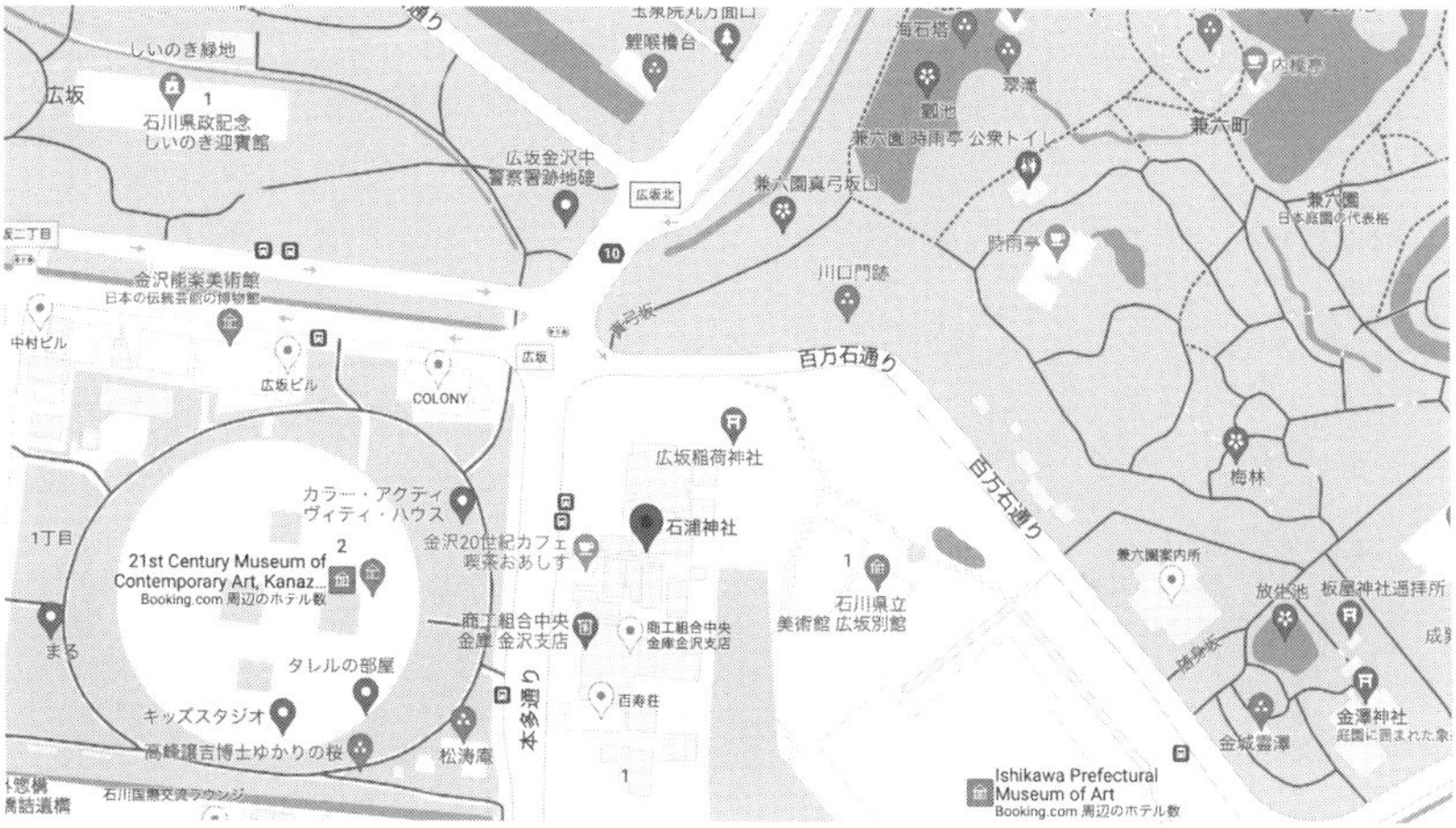

（出所） Google 社 Google map

図１　石浦神社周辺地図

のような具体例も存在する。東京都心にあり、駅に直結している築地本願寺で大胆な改革を進めてきた当時の安永宗務長は、築地本願寺に対する地元（首都圏）の認知度が高いものの、訪問経験率や好感度はまったく評価されないことを指摘した(9)。ブランド寺でありながらも、年間億単位の赤字を出していたとまで言明した。

改めて、金沢市民の憩いの場、あるいは、観光来訪者が最も集中するエリア、文化財指定庭園・兼六園と現代アートの集積地・21世紀美術館と隣り合わせた石浦神社とその一連の取り組みはどのような位置づけなのか。決して、頼まなくても人が寄ってくるとは限らない。しかし場合によっては、オーバーツーリズムの文脈で市民から遠ざかっていく恐れすらある。兼六園や金沢21世紀美術館に象徴されるようなハイ・カルチャーと対峙しながら、市民自ら創り、楽しみ、また来訪者に誇りうる生活文化の拠点づくりに伝統宗教として大きな役割を担っているといっていいだろう。

（2）きまちゃん御用達への共感

コロナ禍による参拝減の苦境に立ち向かいながら、加賀・

（出所）石浦神社提供

図２ 「きままちゃん御用達」に見る地域の共感

能登地方の農林水産物や物づくりにスパイス（伝統宗教的要素による新たな意味づけ）を加えたコラボ商品を世に送り出すため、株式会社きまちゃんカンパニーが二〇二一年正月にオープンした。現在、石浦神社から少し離れたところの野町《のまち》に書道専門店・神那堂が置かれ、書道文化の啓発・教育プログラムを店内の一角で展開しながら、コラボ商品のオンラインショップ事業を展開している。オープン記念事業「うん！書道展」は令和三年十月の間、文化財指定庭園・兼六園と現代アーツの集積地・21世紀美術館と隣り合わせた神社の境内にて開かれたことは大変意義が深いものと考える。そして、企画、実施、選考、表彰、展示までわずかの間ながら、県内の子どもから五百点あまりの作品応募があったことからは、地域社会のなかでいかに評価されているかを垣間見ることができるのではないか。

筆者と長谷吉憲宮司とのご縁は、都内の飲食店でお声をかけてくださったのがきっかけであった。そのためか、積極的に外部と交流をもち、外国の者である筆者にも厭わず親睦を深めようとされているところが印象的であった。すでに多くの報道紙で紹介されたように、食・酒・商の神様のお使いとして二〇一二年に考案された「きまちゃん」は、同神社の公式キャラクターである。信仰にまつわる物語・メッセージをシンプルに伝えているとともに、地元／来訪者との顔つなぎの役割を果たしている。食の街・金沢を的確に伝える宮司の思いに応えるため、百軒の加盟店が名前を連ねた「きままっぷ」は二〇一六年に創刊された。いうまでもなく、はじめは宮司自身のフットワークとコミュニケーション力によるところが大きかった。しかし徐々にその「地域を元気にしたい」という思いへの共感が広がり、一部有志の尽力と紹介が功を奏して、わずか三年の月日で加盟店は延べ二〇九店舗に成長したとともに、累計四万五千以上の発行部数を数えた。制作広報は神社で、「きまちゃん御用達」の木札（図2）が置かれる店頭で「きままっぷ」の提示特典に一品サービスが提供される。こうして、それぞれの役割分担のもとで、食文化と食の信仰を担うきまちゃんが、地域に見守られ自律的に育っていくのだ。観光の来訪者はもちろん、地域社会、お宮は物理的空間を超えて、神社からどんどん出かけていくきまちゃんによって結ばれていくのである。

(3) 石浦奉仕団に見る共汗

新型コロナウイルスがもたらした地域経済への打撃や市民暮らしの閉塞感を打破するため、「きまスルー実行委員会」が立ち上げられた。神社の境内をドライブスルー方式に開放し、苦境ながらも地域にたたずむ社として、地域社会の暮らしと経済の問題に切実に寄り添った取り組みであった（図3）。二〇二〇年五月中旬にスタートしたこの事業は、金・土・日で開催し、七月までのテイクアウト販売分は約七千人分近くを数えると聞く。これまで外食産業に携わってきたキャリアとノウハウを生かして、地域の商業者たちと定期的に勉強会を重ねている。また、神社にも従来の専属神職のほか、情報発信担当やデザイナーの専属職員も置いているという。

それのみならず、これまで再構築された神社と地域の豊かな関係性が地域内外に展開する社会事業の最大化を可能にしている。災害に見舞われた全国の被災地へ「石浦奉仕団」を派遣し、炊き出しと市民からの浄財・義援金で支援を続けている。筆者は現地へ調査に出向いた際、偶然目の当たりにした、宮司とある氏子の会話は今でも大変感銘を受けている。翌日の炊き出し支援の下準備をしている間、義援金を届けに来られた氏子の方が「今回は一緒に出かけられませんが、お金だけとなって大変申し訳ありません」と惜しむ言葉を残した。なんという心が美しい市民だろう。浄財による奉仕はもとより、石浦奉仕団の方々との〝共汗〟を第一義に考えておられるようだ。

（出所）　石浦神社提供

図3　きまスルーの様子

他方でも、若手アーティストに発表・活動の場として神社の境内を提供し、市民の老若男女に対応する文化イベントを通して賑わいを創出している。まさに、かつて藩政時代の城下の社寺においても、加賀・能登・越中からの出開帳を受け入れる場として機能していた風土を彷彿させている。

3　嵯峨嵐山に学ぶ観光の風土

（1）旅行者を育てるということ

筆者は一貫して、どこでも観光地という見方には留保している。また、観光地は一朝一夕にしてならず、名勝地である前に一つの地域であること、京都・嵯峨嵐山はこういった視点を提供してくれた地域である。多くの寺社が点在しているように、多様な宗教文化を持つ地域であるといってよい。こうした視点と相対的に、地域自治、環境保全、文化継承、商業振興などテーマに基づく組織と活動も盛んであって、個々の努力と連携により〝結果としての観光〟が創り上げられている。そこに、一つひとつの事業にかけた地域住民の思いと実践の積み重ねがあったからこそ、自らの暮らしを豊かにするとともに、国内外からの来訪者を魅了する地域として知られる。本章の命題、宗教の社会的協育に基づいて調査研究の機会を得た事例からその一端を見ていく。

現代において京都観光が脚光を浴びたのは、高度経済成長を前後に急成長した大衆旅行の隆盛が主な背景だった。長年、京都観光を見つめてきた宗田好史が整理した「京都市観光入込客数の年代別の推移[10]」からわかるように、一九六四年の東海道新幹線の開通に続く一九七〇年の大阪万博の開催は京阪神地方に日本人の旅行動機を大きく掻き立てたことがうかがわれる。特に万博の年以来、年間平均三千‐四千万人の入洛者数が数えられ、二〇〇〇年まで続いていた。むろん、旅行業による低価格旅行商品の提供は旅の利便性の向上とともに、大量送客の実現に大きな役割を果たした。マス・ツーリズムの流れを受けながら、一九九〇年以降のバブル崩壊とともに、物見遊山的な旅行の初心者らが成熟し、マスの中身に対する軌道修正、いわば、「もう一つの観光」のあり方が見直される気運が高まっていった。しかし、京都観光の成果を語るたびに、観光入込客数や観光・旅行商品によって生み出された計量的効果に偏ることはない。高度経済成長の終止符を打ったといっていいオイルショックの経験から学ぶように、経済成長はいつまでも続くものではなく、またそれを可能にした資源も有限であったことは広く認識されたものに違いない。さらに地域側に立って振り返ると、地方の時代、文化の時代と叫ばれ始めたことがその後の歩みとなる。地域文化の再発見と観光利活用の親和性が広く評価されつつも、「倫理ある経済」、「文化の見えるまち」のあり方が模索され始めた。地域社会の生活現場にとどまらず、アカデミックな論議の一コマは前節で触れたとおりである。屋上屋を架すことになるが、文化と経済の両立という問題は、今日に至って各担当者・当事者の意思決定や事業運営において悩まし続けているということである。

わが国の世界遺産登録において先駆的な存在であった天龍寺（臨済宗総本山）[11]は現代の観光文化の創造に対し、日々の修行の営為を生かし、いち早く動いた寺院の一つであった。先ほど述べた大量の入洛者数を数えていた一九八〇年代頃、レジャー消費のイメージが先行していた世の中で、嵯峨嵐山地域の門前町の一員としてだけでなく、来訪者にも真摯な何かを提供できないか、若き日の田原宗務総長とその仲間僧侶は考えた。旅行ブームにより雑踏のあふれる嵯峨嵐山で、急ぐ旅足にしばしの休息を与えるとともに、自他を見つめ直すひと時を供する坐禅研修が考案された。日々の修行の成果を生かし、来訪者に非日常性を味わってもらうコンテンツとして当時はフレッシュなものだったに違いない。特に力を入れたのは、修学旅行生（中学生）の体験学習であったという。のちに修学旅行の歴史を丹念に整理した竹内秀一[12]によると、一九八〇年度と二〇一七年度の比較において修学旅行先として京都の人気は衰えが見えなかったようだ。さらに同論考では、義務教育・学校行事の一環として実施されることから、国や自治体から補助金が出ていたが、平均六万六千円弱の旅行代金の四分の三以上は宿泊・交通の費用に充当されているため、体験活動のための費用は一〇%未満の六千円以下が課題であったと指摘している。換言すれば、お土産の購入や体験型学習を含む諸費用もその六千円から捻出することが容易に想像できる。

限られた旅行費用のなかで催す坐禅研修は、見知らぬ若者を旅のお客ととらえず、教育旅行への〝お手伝い〟に近いものと思われる。他では、もっとも学生の街である京都には出世払いの風土があるゆえである。

(2) 住民が賢く、誇りを持つには

一方、寺院と地域住民の関係性についてはどうか。寺社による支配が続いていた時代(享保年間の記録)に天龍寺は茶店の出店者に桜の植樹を義務づけていたことが[13]、ある意味、今日の〝観光自治〟の風土の下地作りをしたと考える。この点について、同地域の別の寺院から見ていく。同じく国内旅行が盛んになり始めた一九八〇年頃に始まり、嵯峨嵐山での旅のスタイルも変容していった。今でいうパワースポットや秘境といった流行りの言葉に先行し、厳かな賑わいを見事に演出した化野《あだしの》念仏寺(浄土宗)の千灯供養は、地域の商業者と先代住職とが組織した出入り商人会・葉月会によって支えられていた。日々の生業と暮らしの営みに寺院活動への参画を取り入れることは、一住民ないし地域に根ざした商業者としての成長機会と捉えられ、入会にあたり相互推薦を経なければならなかったという。こうして、宗教行事に見られる賑わい・ハレの日は、住民の向上心と豊かな日常性によって支えられることがわかる。

最後に、これまで見てきた宗教文化の創造、観光来訪の満足に地域の次世代育成という点を備えつける取り組みとして、野宮神社(京都市右京区)の斎宮行列から考察する。嵯峨野の竹林に囲まれるこの社は、能楽の一曲・野宮や源氏物語の舞台として平安時代の雅の代表格だが、四百年余りの歴史を持つ嵯峨祭りの一角(野宮神社・愛宕神社・大覚寺・清凉寺)を担っていることが、祭りの百貨店と呼ばれる京都ではかえって目立たない存在だったかもしれない。しかし祭礼の歴史を紐解くと、住民組織の関与は各時代背景のなかで程度の差こそあれ、続いていることがわかる。丁寧な歴史検証作業を行った古川修は、「祭礼は、社会の上部構造の変動を超えて生

き残ってゆく」[14]と示唆に富む言葉を残した。祭礼が住民組織の手に委ねられたのは幕末以降であった。今は、当該地区の防災パトロールや青少年の社会教育活動等を担う嵯峨・嵐山自治連合会がベースになっており、祭礼組織である嵯峨祭り奉賛会のメンバーと重なっている。こうした祭礼行事によって結ばれていった地域内外の顔の見える関係性は、二〇一三年台風十八号からの災害復旧にあたって大きな地域力として発揮された。

（出所）　筆者撮影

図４　化野念仏寺の千灯供養

（出所）　筆者撮影

図５　中之島公園を練り歩く嵯峨祭

嵯峨祭りにおいて、子ども神輿や嵯峨中学校から派遣された若手有志は、大人の先輩の指導を受けながら、神輿巡行の共同作業を通して自律と助け合いを繰り返して実践して、地域の生き方を理解していく。担ぎ手が重厚な神輿を肩に乗せるたびに、一人当たりの耐久時間は一分にも満たないのがほとんどであった。そのため、入れ替わりが行われると同時に、お互いの顔が覚えられていくのである。ここに一つ、自助と相互扶助の〝練習〟が繰り返されているのではないかと見る。非日常な空間・場においての練習は慣習として認識され、目に見えないが、一つの生活文化が受け継がれていくことが確かである。新緑の五月末に執り行われているこの行事はゴールデンウィークの連休明け、春の旅行シーズンが落ち着くころである。

(3) 地域文化の種蒔きと開花

嵯峨祭を支える嵯峨・嵐山商店街組織が中心となって執り行われている「斎宮行列」は、野宮神社とその地域の風土から生まれる文化資源を活用する好事例でもある。秋口の十月に催されることで、旅行閑散期を担う観光資源でありうる側面も見逃してはならない。いうまでもなく、地域の誇りとなる文化資源は観光の来訪者の目を楽しませるものに偏るということではない。

本論から少しずれるが、現代の斎王まつり・斎王群行のきっかけについてふれておきたい。嵯峨野・野宮で潔斎生活を終え、京都御所から出立した伊勢斎王は、七世紀～十四世紀の間、京と伊勢の交流を担っていた。戦後、かつて斎王が泊まっていた場所・三重県多気郡明和町大字斎宮は国史跡の指定により、発掘調査が開始された。発掘の祟りという地元民談が伝えられるなか、斎王の霊を慰める鎮魂祭として「斎王まつり」が盛大に催されたのは一九八五年であった。一九九八年、三重県庁による「みえ歴史街道フェスタ」計画の呼びかけに応じ、京都と三重の歴史学者・研究者による考証委員会が立ち上げられた。代表者の村井康彦は当時の思いを綴った。「私がその趣旨に賛同して引き受け、早速考証委員会を組織した一番の理由は、斎王（群行）の制度は、古代国家の歴史はもとより、古代人の宗教や信仰、当時の人びとの生活上の習俗や儀礼などを知る上でも豊かな素材であり、その実態を明らかにすることは歴史や文学、宗教や民俗を研究する上でも有意義であること、しかも多くの人びとがこれに関心を抱いていること、にあった[15]」という。産官学民の連携によってスタートさせた「斎王まつり」には地元だけでなく、全国から事業の趣旨に理解のある出演者・参加者が見えており、優れて体験・交流型観光であったといえるのではないか。以降の活動は、斎王のみち歴史街道活性化協議会に引き継がれ、「斎王のみ

（出所） 野宮神社提供

図6 第二〇回までの歴代斎宮代

ち」――京都から伊勢まで一六〇キロ余りの沿道の市町村――に嵐山商店街、嵯峨商店街は名を連ねていた。そして、野宮神社をその起点ということができるであろう。

京から文化や技術が全国各地へ伝播されたこと、今でもそれを確認することは難しくない。現代版の「斎宮行列」は逆輸入されたように思われるが、野宮の固有価値と嵯峨嵐山の地域性というものを再評価するきっかけだっただけではなく、外部からの知識や制度などを積極的に吸収し、新たな京文化を生み出す創造的な過程でもあるとみなすことができる。斎宮行列は、一九九九年の開催以来、地元各団体から多くの支援を受けている。また、翌年から地元の伝統芸能等が加わり、前夜祭も催されていた。**表1**のように、集客イベントのごとく風化しないように、広く参加者や地元住民を対象に、斎宮セミナーは毎年継続的に開かれている。ハレの日に執り行われる神事と祭礼を迎える前の、現代版の〝物忌み〟とも呼ぶか、お籠りかのように筆者の目に映る。動と静の間に、参加者は街の風土に学び、自ら実践的に創造し、楽しむことは、まさに〝観光〟そのものではないかと考える。令和元年・第二十一回までこれらの活動成果は「野宮神社 斎宮行列」の小冊子にまとめられ、訪れる人に配布している。**図6**は第二〇回までの歴代斎宮代である。地元の若き女子から選出している

表1 斎宮セミナー前夜祭

年別	講演テーマ／前夜祭	演者
1999	『源氏物語』にみえる伊勢斎王の野宮	所　京子（岐阜聖徳学院大学教授）
2000	斎宮群行について 斎王と賀茂祭 薪能「小督」 八雲琴（二弦琴）	村井　康彦（京都造形芸術大学教授） 朧谷　壽（同志社女子大学教授） 観世流河村家 木の花会社中
2001	斎宮と女帝 新世紀の『源氏物語』 禊祓1聖と俗の間 源氏物語歌うらない	瀧波　貞子（京都女子大学教授） 朧谷　壽（同志社女子大学教授） 渡辺　寛（皇學館大学教授） 懸野　直樹（野宮神社宮司）
2002	みそぎ考　水と人・斎王の場合 狂言「土蜘蛛」 邦楽，クラシック演奏会	渡辺　寛（皇學館大学教授） 嵯峨大念仏狂言保存会 船上舞台
2003	琴の音に峯の松風 狂言「土蜘蛛」 邦楽，クラシック演奏会	所　京子（岐阜聖徳学院大学名誉教授） 嵯峨大念仏狂言保存会 船上舞台
2004	（セミナー）斎王と古代伝承 狂言「釈迦如来」 邦楽，クラシック演奏会	村井　康彦（京都市美術館長） 嵯峨大念仏狂言保存会 船上舞台
2005	斎宮―古代における都市的空間	榎村　寛之（斎宮博物館）
2006	平安時代の衣「斎宮行列の装束」 狂言「花盗人」 邦楽，クラシック演奏会	出雲路　敬直（下御霊神社宮司） 嵯峨大念仏狂言保存会 船上舞台
2007	歴史的環境の保護とその現代的意味～宇治・平等院の場合～ 狂言「愛宕詣」 邦楽，クラシック演奏会	宮城　俊作（奈良女子大学教授） 嵯峨大念仏狂言保存会 船上舞台
2008	平安時代の食　京料理の源流について～平安時代の大饗を中心に～	堀場　弘之（六盛主人）
2009	空海のデザインと嵯峨天皇～嵯峨天皇とその時代 モンゴル音楽コンサート	坂口　博翁（別格本山覚勝院住職） 文化庁第26回国民文化祭事業
2010	愛宕信仰の世界―軍神から火伏せの神へ	八木　透（佛教大学教授）
2011	蔵王権現，桜，後醍醐天皇	田中　利典（金峯山寺）
2012	百人一首の中の斎宮	吉海　直人（同志社女子大学教授）
2013	土の中に眠る嵯峨嵐山の歴史	近藤　奈央（（財）京都埋蔵文化財研究所）
2014	伊勢の神宮と御遷宮	奥西　道浩（神宮前造営部長）
2015	「よみがえる斎宮跡」史跡斎宮跡の発掘調査と復元建物の概要	大川　勝宏（斎宮歴史博物館調査研究課長）
2016	天皇の御代替わりと伊勢の斎王	所　功（京都産業大学名誉教授）
2017	天武天皇と後醍醐天皇　霊地吉野と斎宮	植島　啓司（京都造形芸術大学教授）
2018	「水と祭礼」東西宗教儀礼の比較（第二十回斎宮行列記念シンポジウム） 「ミソギ（禊）とハラヘ（祓）」 「洗礼と禊―ユダヤ教の戒律から考える」 能と嵯峨嵐山（斎宮セミナー）	渡辺　寛（皇學館大学名誉教授） 手島　勲矢（大阪大学COデザインセンター） 河村　晴久
2019	古代祭祀の姿を探る　倭姫の時代（斎宮行事保存会20周年記念シンポジウム） 王権と三輪山周辺の祭祀 伊勢神宮の起源 大嘗祭の伝統とは何か（斎宮セミナー）	寺沢　薫（纏向研究所長） 穂積　裕昌（三重県埋蔵文化財センター） 斎藤　吉久（宗教ジャーナリスト）

（出所）野宮神社「斎宮行列」各年度より筆者作成

が、その多くは幼少期より火炬《ひたき》少女役や稚児行列に参加していた点が興味深い。文化継承の種を蒔き、育ててきた主催側の思いは、第一回目の冊子・懸野直樹宮司の挨拶文のなかで端的に吐露されていた。さらに第八回冊子を組解くと、嵯峨商店街会長・山本芳男（故人）の挨拶文で紹介された中山望は、斎宮行列への参加にとどまらず、地元の住民となるべく嵐山にも就業していたという。非日常の体験から地域の日常の豊かさへ昇華した格好の例なのではないか。現代に再現された行事を通して礼儀作法を体得する非日常空間・場でしか得られない貴重な成長機会を提供し、地域教育的な役割を果たしている点を前向きに捉えたい。

嵯峨祭と斎宮行列で培われた豊かな関係性と地元学的な知識の向上は、二〇〇九年以降の地域商業ビジョン策定（後の嵯峨嵐山おもてなしビジョン推進協議会、二〇一二年中小企業庁「はばたく商店街三〇選」受賞）や二〇一〇年以降の訪日観光振興に関する一連の取り組みに際して、一定程度、開花されたと考えられる。前述した天龍寺や化野念仏寺はもちろん、本章で取り上げられなかった法輪寺、車折神社等々の寺社も地域と協働する形でそれぞれ事業活動を展開している。こうして、宗教・地域社会・観光を単体的に捉えるのではなく、総合的かつ自律的に地域社会の未来を切り開いていくことが確認されている。

4　観光と宗教文化の自律的創造

（1）地域から生まれる〝観光知〟

地域活性化を担う時代の命題として、二〇〇三年の観光立国宣言を契機に「観光」は大きく脚光を浴びているが、観光を一つの産業として育てていくなか、まだ発展途中だといわざるを得ない。大学のなかでの観光学部・学科の設置に象徴されるように、観光を一つの学問体系として構築していくことが求められている。これまでの交通・宿泊・旅行業といった産業社会的文脈による観光への討究を解放し（否定するわけでない）、地域の幸福の実現をめざす観光学に、人文社会学領域が活躍する余地は大いにある。具体的に、歴史・文化・宗教・哲学などといった代表的な学問を手掛かりに、観光を捉え直す作業である。

本章はわずかであるが、そのような議論の一助として、地域社会に暮らしていくに欠かせない生活の〝観光知〟として、フィードバックすることができるのではないかと考える。信仰継承と地域振興という二つの大きな社会課題に真摯に向き合った宗教者、信者、そして普通の人びとが、地域の歴史・風土に寄り添い、主体性をもって、宗教文化の継承と再創造の可能性を示してくれたとともに、「結果としての観光」を示唆している。

換言すれば、宗教者と生活者、生活者と来訪者、または来訪者と宗教者（側）とそれぞれの間において語り合い、学び合うという創造的営為は観光活動を通して共有され実践されていく。

ローマは一日にしてならずというように、ある地域は単に世界遺産登録を受けた観光地だから、人が集まるという短絡的な思考ではない。本章で取り上げた金沢・石浦神社を中心とした市街地や嵯峨嵐山地区の日常について、すなわち、豊かな関係性のなかで地域の文化、福祉、そして日々の生業に勤しみながら、なおかつ、観光の不易と流行を見つめた生活の知性が磨かれてきたのである。逆説的であるが、どれも観光名所であるがゆえにまちの深みを真摯に受け継ぐことに努力を惜しまなかったからこその、未来志向の「観光知」と読み取っていただきたい。安易に観光地という語を当てはめることはしないためにも。

（2）地域のなかで自分自身の成長

いわずもがなではあるが、宗教・地域社会・観光による総合的な地域デザインにおいて、所与の文化資源（有形・無形）を動かす各当事者（宗教者・生活者）のフィロソフィーを見逃してはならない。地域のため、次世代育成のためというようにミッションを掲げ、パッションを伴わせたきまちゃんカンパニー、旅行者の育成のみならず地域住民とともに歩む嵯峨嵐山の寺社仏閣は、形はどうであれ、常に教育・教化のメッセージを送受信し続けている。

それぞれの事業は成功・失敗という観点で紹介したのではない。長いスパンで見るとき、宗教文化の継承に見られる人びとの創意工夫は常に進行しているのである。開かれた伝統宗教として参詣者の受け入れに応えつつ、なお、地域福祉への配慮や災害支援などを通して、社会的役割が果たされている。その結果、寺社自身にとどまらず、地域の発信とともに、信仰の風土も広がっていく好循環を生み出しているのではないかと考える。

人口減少によって引き起こされた問題とその課題解決は、各分野や実務現場で努力がなされている。ピンチがあったからこそ、変化・変革を促したというのではないが、往々にして、それが一つのきっかけであったことが多い。そして、人は常に受け身ではなく、能動的に目の前の生活を改善することも考えられる。信仰の継承に地域振興の視点を取り入れた本章はその一端を示している。各事例から学んだように、個々の課題関心に基づく問題解決の取り組みを通して、様々な連携と協働によって実現されていくうちに、地域への誇りというものは、なるほど、お互いのなかを底流していることがわかる。

むろん、生活のなかのささやかなことであっても変化を恐れることはむしろ人間の本性であるかもしれない。語り合い、学び合い、さらに足並みを揃えアクションに移ることも容易くできることとは限らない。

コロナ禍を経て、人びとの心の支えとなる宗教の諸活動は一時の中止・縮小または改変といった対応を余儀なくされた。それらは宗教そのものが消えることを意味しない。むしろ、変化・再生・創造を生み出す人間の知的欲求――いわば、衣食住といった基本生活が充足されたとしても、なお、心の豊かさへの希求――というものが、宗教社会を動かしている。それが地域社会のなかでいかに共感を呼び起こすかは今後注目していきたい。

＊本章は、報告書「第4章　宗教の社会的協育から育む地域と観光——地域社会で生きる普通の人々、信者、そして宗教者に着目して」を基礎に置くが全面的に改稿している。

（1）自然と生者と死者によってつくられた社会は対等的で、関係性によって結ばれている。内山節『新しい共同体の思想とは』（農山漁村文化協会、二〇一二年）三四－三五頁。

（2）江戸時代（特に元禄以降）における旅行ブームの民俗に習うように「寺社詣で」は欠かせない要素の一つである。詳しくは、神崎宣武『日本人の原風景——風土と信心とたつきの道』（講談社学術文庫、二〇二一年）一六六－一六九頁。

（3）井口貢編『まちづくりと共感、協育としての観光——地域に学ぶ文化政策』（水曜社、二〇〇七年）一九三頁。

（4）岡本亮輔『宗教と日本人——葬式仏教からスピリチュアル文化まで』（中公新書、二〇二一年）七九－一〇七頁。

（5）櫻井義秀編『アジアの公共宗教——ポスト社会主義国家の政教関係』（北海道出版会、二〇二〇年）一七六頁。

（6）櫻井義秀編『しあわせの宗教学——ウェルビーイング研究の視座から』（法藏館、二〇一八年）一五頁。

（7）菅豊『新しい野の学問の時代へ——知識生産と社会実践をつなぐために』（岩波書店、二〇一三年）一八五頁。

（8）山下晋司編著『観光学キーワード』（有斐閣双書、二〇一一年）一七一頁。

（9）安永雄彦『築地本願寺の経営学——ビジネスマン僧侶にまなぶ常識を超えるマーケティング』（東洋経済新報社、二〇二〇年）三九頁。

（10）宗田好史『インバウンド再生——コロナ後への観光政策をイタリアと京都から考える』（学芸出版社、二〇二〇年）一六七頁

（11）外務省ホームページ掲載の「世界の文化遺産及び自然遺産の保護に関する条約」における目的を確認されたい。ここでいう先駆的というのは決して観光集客に長けていることを意味しない。

（12）竹内秀一「修学旅行の歴史～修学旅行はなぜ生まれ、どう進化を遂げてきたのか～」『運輸と経済』（一般財団法人交通経済研究所、二〇一九年）二五頁。

（13）嵯峨教育振興会『嵯峨誌　平成版』（財団法人嵯峨教育振興会、一九九八年）三一一－三一三頁。

（14）古川修『嵯峨祭の歩み——その起源・構造・変遷』（京都新聞出版センター、二〇〇八年）一四七頁。

（15）宮田恵子編『斎王の道』（向陽書房、一九九九年）一九八－一九九頁。

▩参考文献

国学院大学院友会石川県支部『金沢城下町―社寺信仰と都市の賑わい』（北国新聞社、二〇〇四年）

野宮神社「斎宮行列」（斎宮行事保存会、一九九九－二〇一九年（毎号））

毎日新聞京都支局編『嵯峨野』（淡交社、一九六四年）

本康宏史『百万石ブランドの源流』（能登印刷出版所、二〇一九年）

山出保『都市格を磨く――金沢、まちづくりへの思い』（北国新聞社、二〇二一年）

山中弘編『現代宗教とスピリチュアル・マーケット』（弘文堂、二〇二〇年）

石浦神社公式ＨＰ・Facebook　https://www.ishiura.jp　二〇二一年七月アクセス

野宮神社公式ＨＰ　http://www.nonomiya.com　二〇二一年十二月アクセス

みえの歴史街道・斉王のみち歴史街道活性化協議会公式ＨＰ　https://www.bunka.pref.mie.lg.jp/kaidou/saiou/index.htm　二〇二一年十二月アクセス

コラム3

ドイツにおける医療と観光を通したキリスト教文化伝承

名古屋芸術大学非常勤講師
山川淳生

ドイツ聖職者協議会（Deutsche Bischofskonferenz）の二〇二一／二〇二二年の統計によれば、ドイツのキリスト教徒の総数は年々減少傾向にあるという。二〇二一年の統計ではドイツの人口約八三〇〇万人のうち約二一〇〇万人がカトリック、約一九〇〇万人がプロテスタント、すなわち合計約四千万人以上のキリスト教徒がいる計算となり、人口の約四九％がキリスト教徒ということになる。ドイツの人口内のキリスト教徒の割合は、年々約一％ずつ減ってきており、二〇二〇年には人口の約五一％がキリスト教徒であったところから二〇二一年に初めて五〇％を切った。それでもなお人口の約半数近くであり、ドイツで最も勢力が大きい宗派はキリスト教である。

ドイツの多くの街の中心には歴史的な修道院が象徴的に存在しているが、そのような教会の存続のための活動の特徴にはどのようなものがあるだろうか。

西欧の修道院制度に非常に大きな影響を与えたヌルシアのベネディクトゥスによる『聖ベネディクト会則（Regula Sancti Benedicti）』の第三十七章には、修道士には病人の世話をし助ける義務があることが記されている。そのように修道院の畑では食糧生産の目的とともに薬草が栽培されていることが多く、現代の修道院でも薬局の機能とともに修道院固有のレシピによる食品や農産物などとしても販売されている。ビンゲン・アム・ラインの聖ヒルデガルト・ベネディクト派女子修道院や世界遺産マウルブロン修道院の薬局などはそういったキリスト教文化を一般・信者の境目なく観光活用し、教会経営と存続の一助としている事例だとも言える。

修道院の薬草学の伝統による調合された薬などは、いわば医療行為のカテゴリとしては代替療法の分類になり、公的医療保険の適用対象とならないものが多い。しかしドイツでは代替療法に根強い人気と需要があることから、ハイルプラクティカー（医療実践者）という、医者ではないが代替療法を施術するクリニックを開ける国家資格なども存在している。

加えて、公的医療保険の適用外となるそのような代替医療の医療保険を販売する民間医療保険連盟（ＰＫＶ）も存在している。二〇二一年には、地域差はあるもののドイツ国民の一割を超える八七〇万人がＰＫＶの完全医療保険の被保険者となっているとの統計もあり、代替医療に対する身近さが見て取れる。

また、公的医療保険が適用される医療との結びつきがある修道院も存在する。例えば、「ドイツ・クアオルト」の代表的な街のひとつ、バイエルン州のバート・ヴェリスホーフェン（Bad Wörishofen）がそれにあたる。

クアオルトとは、いわば日本の湯治場に似たドイツの街づくりのことを意味するが、そこに滞在し医療行為を受けることに公的医療保険が適用されるという特徴がある。クアオルトには病院や研究機関等が必ず存在し、自然環境保全の実施等もまた認定条件となる。さらにそこに観光も加わり、医療・環境・芸術文化・観光とが交差する。

このバート・ヴェリスホーフェンはそのようなクアオルトに認定された街であり、街の中心にあるヴェリスホーフェン修道院（Kloster der Dominikanerinnen Bad Wörishofen）は十九世紀末に「クナイプ療法」でも有名なS・クナイプによって再開発され、街の発展の契機となった。この修道院には観光目的の宿泊施設、博物館などの機能ともに健康保養施設の側面もあるが、街全体で公的な医療との結びつきがあるためにこの修道院もまたその例外ではないのである。

ドイツにおいては、キリスト教信者数が年々減少していくことは今後も続いていくことが予想される。しかしながらこういった、代替療法的から公的なものまでも含めた医療の場として、また歴史的遺産や芸術や文化の場として、一般客や信者を問わず開かれた教会そのものは今後も存続していくことだろう。このような現代のドイツの教会の現状は、今後のキリスト教の文化継承のあり方として興味深い事例であると言える。

第Ⅱ部　移動と越境から宗教文化を見つめ直す

第5章　「場」をめぐる新宗教の模索

——サードプレイスとしての立正佼成会——

隈元正樹

1　宗教における「場」

（1）新型コロナ禍と宗教

現在ほど、宗教における「場」の意義が問い直された時代はなかったかもしれない。新型コロナウイルス感染症の世界的流行のなか、日本においては二〇二〇年春以降、本格化したソーシャル・ディスタンスと社会経済活動の自粛要請を受け、宗教も多大な影響を被った。宗教活動があたかも「不要不急」のものとみなされ、疫病退散祈願を起源とする大規模な祭礼が中止となったことは皮肉なことであった。一方で、多くの宗教儀式は、祭礼を中止し、多人数の参列を制限しただけで、代表者による祭祀は粛々と継続実施されていたこともまた、強調しておかなければならない。

社会学的宗教研究の祖であるデュルケームが、宗教を「すぐれて集合的なもの」であり、「教会」（＝「同一の道徳的共同体」）の観念と不可分と指摘したとおり、少なくとも社会学的には、宗教にとって「集まること」は本質的な要素である。社寺の祭礼（「集合沸騰」）、葬儀・法事等で家族・親戚が集まること、キリスト教会での毎週日曜日のミサ・礼拝等がすぐに思い浮かぶ。

日本の新宗教においては、上記のような祭礼・儀式に加えて、日常的な「集まり」が特に重要である。それは、二つの側面から指摘できる。まず歴史的には、新宗教は、終戦直後から高度経済成長期にかけての地方農村から都市部への大規模な人口移動を背景に教勢拡大し、「故郷喪失者」「根無し草」となった人びとが都市部で新たに組織した疑似的コミュニティ、つまり信仰共同体であった。また機能的に見て、新宗教は、教会・支部等の地域拠点における活発な小グループ活動が、宗教活動の基本であった。その活動には、多くの場合、後述する「法座」などのグループ・カウンセリングのような宗教本来的活動のみならず、様々な公益的社会活動も含まれる。したがって、集まることができなくなると、新宗教にとって死活問題となる。本章で事例として取り上げる立正佼成会の教会も、新型コロナ禍において、事実上閉鎖され、対面での活動は停止された[1]。

新型コロナ禍のだいぶ以前から、新宗教の多くはかつての勢いを失い、新たな場をめぐる模索が始まっていた。本章では、立正佼成会を事例として、その取り組みを紹介し考察したい。なお、本章の着眼は新型コロナ以前のものであり、分析や事例の多くはコロナ以前のものであるが、ウィズ・コロナ、アフター・コロナの展望についても触れていく。

（2）新宗教と地域社会

高度経済成長期にかけての新宗教の展開は、本書の共通テーマである伝統の継承と創造による地域課題の解決、といえる側面があった。新宗教は新しさが注目されがちだが、実際は、教えの面では伝統宗教や宗教習俗の（独特の）再生、あるいはそれらを基盤とした創造である。とはいえ、この場合の地域課題とは、現代の地方におけるような高齢化と過疎化・人口減少ではなく、都市問題、いわば若者問題と人口増加であった。ここで、新宗教の概観を兼ねて確認しておく。

現代の多くの新宗教の教祖やリーダー層は、すでに戦前から活動を行っていたが、宗教団体法と戦時体制のもとでは自由な宗教活動はできなかった。戦後、「信教の自由」を保障した日本国憲法と宗教法人法のもとで、「神々のラッシュアワー」「雨後の筍のよう」などと揶揄もされながら、活発に活動を展開していく。敗戦直後、旧来の価値観が崩壊し「神も仏もあるものか」という従来の宗教への不信も思想的背景として、新宗教に有利に働いたと考えられる。この時代、日本全体としては順調に戦後復興を歩む一方、その恩恵にあずかれず、重税で苦しむ人びともまた多かった。国の『経済白書』が「もはや戦後ではない」と記した一九五六年時点において、総人口の約三人に一人（二八七一万人）は国民健康保険に未加入であり、職域保険も、五人未満の事業所は適用外であった［隈元 二〇一八：五八］。新宗教の入信動機として「貧病争」といわれたが、貧乏のため、不衛生な環境、栄養不足から病気になっても医者に診てもらえず、医者に診てもらうと、さらに貧乏になる、そういった悪循環は家庭内外の人間関係にも悪い影響を与えていった。

新宗教は都市部を中心に広まった。地方農村には外地からの大勢の引揚者や次三男を養えるだけの十分な農地はなかった。一方、朝鮮特需、高度経済成長によって、急速な都市化・工業化が進み、都市部は慢性的人手不足となる。戦後のベビーブーム・団塊世代は、中学卒業後、地方農村から集団就職で大都市へ向かった。「金の卵」ともてはやされたが、安月給、孤立・絶望など、大都市の厳しい現実もあり、高い犯罪率につながった。地方にはコミュニティがあり、相互扶助の仕組みがあったが、都市に移動し「故郷喪失者」「根無し草」となった人びとは、新たにそれをつくる必要があった。学生には学生運動、大企業には労働組合があったが、中小零細企業で働く若者には、それらの代替となる仲間づくり、助け合いの仕組みが必要だった。新宗教は、そのような役割を担っていた[2]。つまり、新宗教が社会的な側面で行ったことは、地方にあったコミュニティの機能上の継承であり、都市での創造であったといえる。それは実際には、教会・支部などと呼ばれる地域拠点とそこで展開される小グループ活動（＝場）で行われたのである。

(3) サードプレイスとは何か

以下では、新宗教における場について、アメリカの社会学者オルデンバーグが提唱したサードプレイス概念を参照して検討していく。サードプレイス概念の宗教研究、特に新宗教への適用可能性とその意義を考えるといってもよい。サードプレイスの直訳は「第三の場所」で、近年、一般的に流通する言葉となっている。インターネットで検索すれば、経済、ビジネス関係の記事、ブログが多数ヒットする。しかし、サードプレイスという言葉の一般化と反比例して、その概念は拡散し、それらの記事の多くはオルデンバーグらの学術概念としてのサードプレイスを必ずしも参照、吟味することなく、漠然としたイメージで語られ、都合よく利用される傾向が高い。たとえば、アメリカ発の世界的なコーヒーチェーンであるスターバックスがしばしばサードプレイスに言及し、一般にも参照されるが、オルデンバーグ自身は「ただの真似事さ。スターバックスは概念を勝手に解釈し使っているんだ」と述べたという［サイモン 二〇一三：一一一］。確かにスターバックスにはオルデンバーグ流サードプレイスで根本的な要素である「会話」がほとんどない。その他、しばしばサードプレイスとして取り上げられる類似スタイルのカフェ、そして近年広まっているコワーキングスペースなどは、ビジネスパーソンや学生が、テレワークや自習の場として利用しており、それらはむしろセカンドプレイスの延長として捉えるべきである。

ところで、オルデンバーグ自身は、ほとんど宗教に言及していない[3]。しかし日本においては、プロテスタント系の雑誌『福音と世界』において、「特集＝〈場〉としての教会」の中でサードプレイスに着目している。(4) また宗教社会学者の櫻井義秀は、宗教専門紙『中外日報』の連載記事において、寺院のサードプレイスとしての可能性に言及している。(5) また「サードプレイス」と「宗教」「寺」「神社」「教会」などを組み合わせて検索すると、多くはないまでも、それなりの数の寺社教会、関連ブログの記事等がヒットするように、近年、日本の宗教界でも注目されてきたといえる。(6)

(4) サードプレイスに関する学術的研究

オルデンバーグのサードプレイスの概念を要約すると、ファーストプレイス＝家庭、セカンドプレイス＝職場（学校）の窮屈さ、利害関係から解放され、仲間とともに、くつろげる場、となろう。「インフォーマルな公共生活の中核的環境」［オルデンバーグ 二〇一三：五九］とも述べられる。具体的な事例としては、カフェ、バー、本屋、ヘアサロン、図書館などがある。

類似の研究として、古くはジンメルの「社交」についての理論的研究、歴史的・マクロな議論としてはハーバーマスの「公共圏」の研究、学問の対象・社会背景も類似するパットナムのソーシャル・キャピタル論などの研究と重なるが、ミクロな「場」に焦点化したわかりやすい議論と概念といえる。なお、オルデンバーグの議論には、第二次大戦以前の「古き良き」アメリカの「スモールタウン」やヨーロッパを理想化し過ぎ、ジェンダーの捉え方が古く、男性優位の発想であるなどの批判もある［モラスキー 二〇一三］。

先述のとおり、スターバックスが企業理念としているのが有名なためか、日本では、ビジネス、店舗経営、都市開発などの分野で言及されることが多いが、(7) それは商業的、個人的で、オルデンバーグが主張していたのものとはだいぶ異なるものとなっている。建築学、社会政策、地域研究、社会福祉、教育などの分野で数多くの成果が蓄積されている。近年の理論的成果としては、演出された商業的サードプレイスを「マイプレイス型」として区別しつつ、サードプレイス内の交流を重視する「オルデンバーグ型」との橋渡しを捉えようとする研究[8]、SNSやオンラインゲームなどのバーチャル空間へのサードプレイス概念の拡張の議論がある[9]。

先述のとおり、宗教をサードプレイスとして分析しようという試みはほとんどないが、特に新宗教については管見の限り皆無である。地域コミュニティからの独立性が、神社や寺院に比べて新宗教は大きいからこそ、他の一般的サードプレイスとは異なる、宗教的なサードプレイス（宗教のサードプレイス性）の特徴を明らかにできるともいえる。より地域コミュニティと密接に関連する神社や寺院のほうが、サードプレイスに近い機能を果たしているともいえるが、近過ぎるゆえに、宗教のサードプレイス性、サードプレイスとしての宗教の課題や展望がわかりにくい。つまり、神社や寺に集う人びとは、そこが宗教だからというよりも、地域コミュニティそのものだから集っている場合も多いから、問題が宗教のほうにあるのか、コミュニティのほうにあるのか見えにくくなってしまう。以上が、サードプレイス論から見て、新宗教をサードプレイスとして検討する意義といえる。

次節からは、立正佼成会を事例として、サードプレイスの特徴と照らし合わせ、サードプレイスとしての新宗教、あるいは新宗教のサードプレイス性を検討していきたい。

2　サードプレイスとしての新宗教・立正佼成会

(1) 立正佼成会について

新宗教の最大の特徴の一つは「在家主義」である。ここでいう在家主義とは、家庭（ファーストプレイス）と一般的な職業（セカンドプレイス）があるごく普通の生活を送る在家会員が中心の宗教運動組織であるということである。そこが、家庭がない出家主義や、宗教活動専従者が中心のいわゆる伝統宗教とも異なる部分となる。新宗教において、重要な場である教会・支部等の地域拠点やそこでの集い・活動は、本節以降、サードプレイスとして捉え直していく。ところで、新宗教をサードプレイスとして検討する意義についてはすでに述べてきたが、あまたある新宗教のなかで、立正佼成会を事例として取り上げる意義についても明確にしておかなければならない。

立正佼成会は一九三八年、開祖・庭野日敬《にっきょう》と脇祖・長沼妙佼によって創立された教団で、法華経による在家先祖供養を特徴とする教団である。立正佼成会の「立正」は正しい教え（法華経）に基づくことを示すが、「佼成」とは、「人びとの交わり合いのなかで人格を完成していこう――人間同士が本当の語り合いをしよう――という意味」である[10]。活動の大きな特徴は教会を中心に行われる法座と当番修行である。法座は、小グループによる対話型指導（カウンセリング）で、円形になって行われる。「法座は立正佼成会のいのち」といわれる。終戦から高度経済成長期に大規模に発展したこと、心直しによって周囲との調和を図ることを重視する教えなど、日本の代表的な新宗教教団といえる。

加えて同会が今回の事例としてふさわしいと考えられる要素として、次の二つを挙げることができる。まず同会が、地域拠点である教会への参拝型の活動が中心であることである。新宗教には多様な組織形態があるが、個人型（個人－本部直結型やネットワーク型）の場合には、必ずしも地域拠点での小グループ活動が重視されない。個人的祈願や修行をとりわけ重視したり、教団規模が比較的小規模または文書ほか各種メディア、テクノロジーを駆使した組織化を行っている教団がこれに当てはまる。

そして、最寄り原則の地区ブロック制であることである。これには若干の補足説明が必要だが、**図1**に示すとおり、相当な規模がある教団でも、新宗教には二つの組織形態が知られている。その内、導き系統制では、教えに導いた人と導かれた人の関係で一定のまとまりができると支部・教会等になるが、その場合、信者の移動など

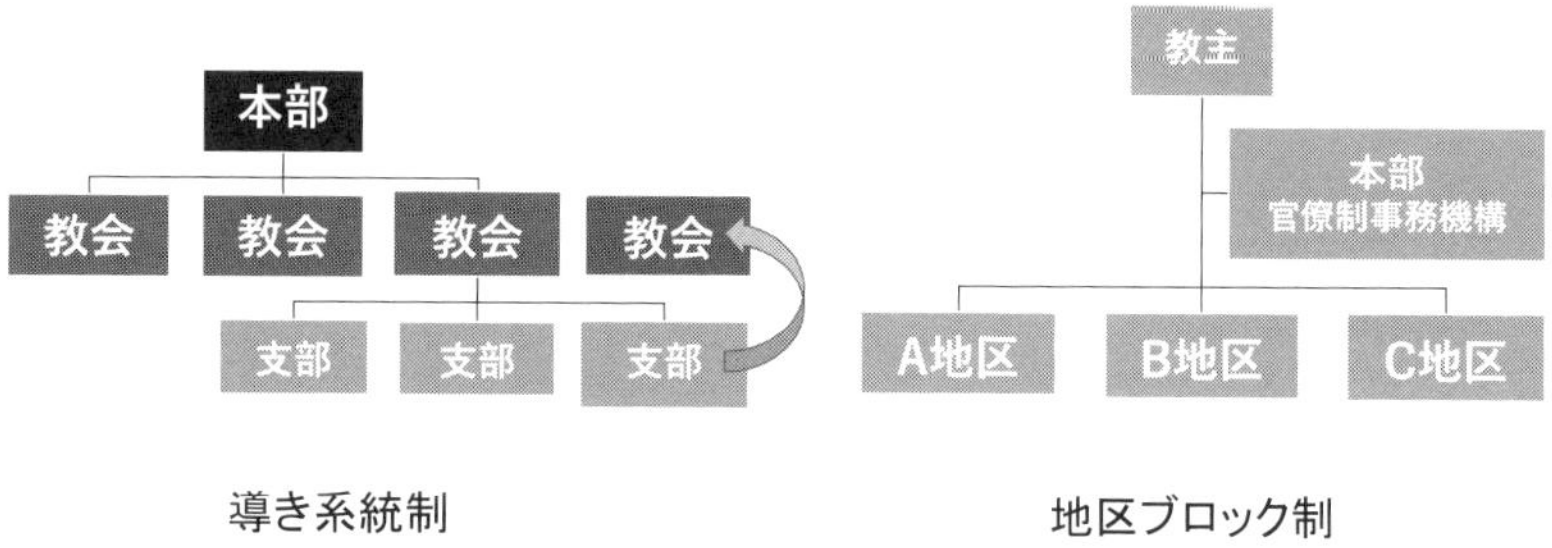

図１　新宗教の組織形態

によって、現住地に関係なく組織化されることになるため、地域ごとの場が形成されにくい。そこで、それを地域ごとに整理し直す例がある。それが地区ブロック制である［森岡 一九八二］。しかし、そもそも各地で一定以上の規模がなければ不可能なため、実際に地区ブロック制を採用できる教団は少ない。立正佼成会は地区ブロック制を採用する数少ない教団の一つである。

（2）立正佼成会のサードプレイス性

以下、サードプレイスの八つの特徴［オルデンバーグ 二〇一三：六四－九七］に沿って、立正佼成会の組織や活動の特徴を見ていきたい。

①中立の領域

サードプレイスは、「個人が自由に出入りでき、誰も接待役を引き受けずに済む空間［オルデンバーグ 二〇一三：一九］とされる。つまり、家庭のように、通常であれば出入りできるのは家族員だけで、ホームパーティーのような場合にも、ゲストとホストの立場がはっきりしている場所と異なるということである。

立正佼成会の教会の場合、会員は出入り自由である。教会は、教会長以外は一般の在家会員によって運営されるため、様々な「お役」（当番・役割）がある。「お役」者は接待役に近い側面もあるが、固定されているわけではない。ただ、会員以外の場合、神社、寺院のようには自由に出入りできない場合が多い。新宗教の教会等は、事実上、地域（所属）の会員にとっての場という限定性はある。

図２　ご供養

図３　研修

図４　法座の様子

②人を平等にする

オルデンバーグは、サードプレイスの重要な機能として、人を平等にすることを挙げているが、その効用として、以下のように指摘する。「恵まれない人びとを対等な人間として受け入れ（中略）貧しさの苦痛さえ、おおかた消えてなくなる」［オルデンバーグ 二〇一三：七二］。「数時間前に重い足を引きずって――顔をしかめ、疲労困憊し、背を丸めて――自宅に帰って来た人も、数時間後には満面に笑みをたたえ、背筋をしゃんと伸ばし、行きつけのクラブや居酒屋めざして大股で歩きだしたりする」［オルデンバーグ 二〇一三：七三］。「勝ち組も負け組も肯定し、間違いなく双方にとって慰めになる」［オルデンバーグ 二〇一三：七二］。以上は、サードプレイスにおける「貧病争」の解決といえなくもない。

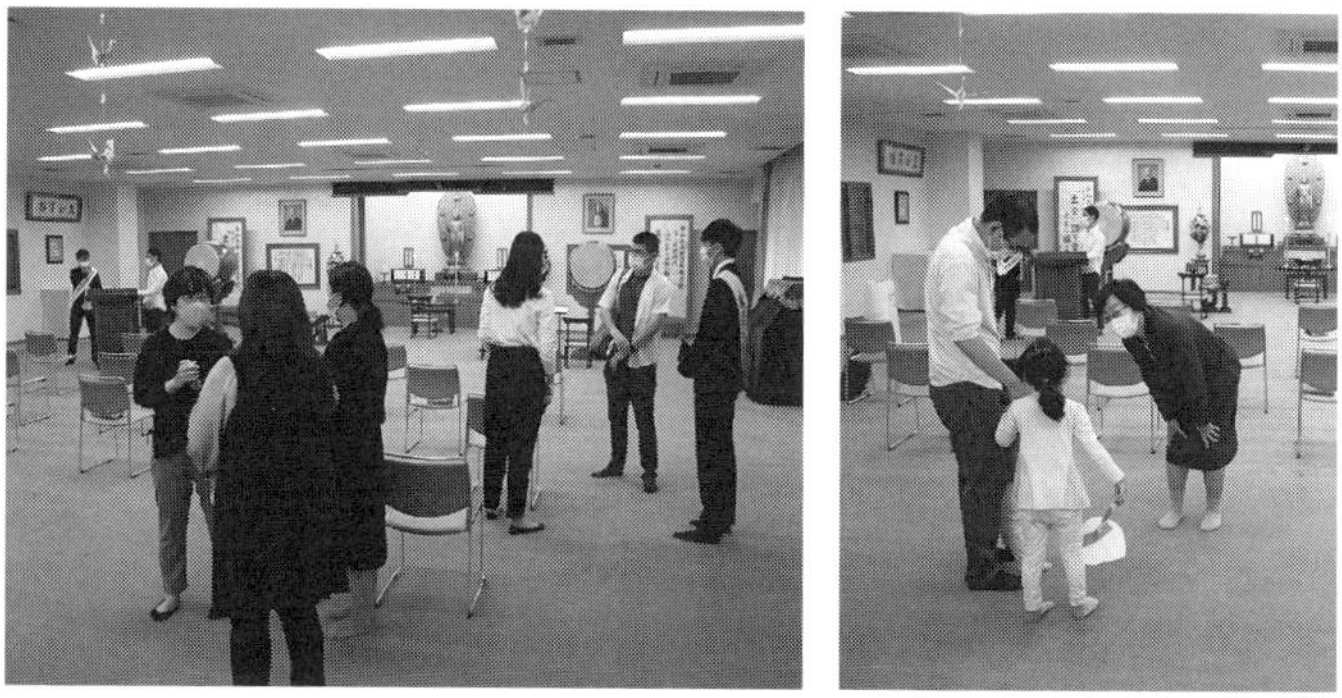

図5　活動の合間に自然と雑談がはじまる

病気で立つことができなかった人が、宗教の奇跡によって立って歩きだす、というような話があるが、サードプレイスに向かう人の話も少し大げさにすると、そのような宗教的奇跡の描写に近くなる。また平等化（と教団内の実力主義）は、新宗教の、特に初期の大きな特徴である。

③会話が主な活動

「ご供養」と呼ばれる読経による礼拝、先祖供養等は別として、信仰指導や法座も、広い意味で会話といえる。教会は何か商材を作りだしたり、サービスを売買する場ではない。社会貢献活動などを含め様々な活動があるが、その合間には、顔なじみ同士の雑談が繰り広げられる。むしろ、そのような触れ合いを求めて、教会に足を運ぶ人が多い。掲載の写真も見ていただきたい(11)（図2－図5）。

④利用しやすい——近場にあり、長時間開いている

立正佼成会の教会の分布を概観する。文化庁『宗教年鑑』令和四年版によれば、立正佼成会の教会は日本国内に二三八ある。会員数は二〇七万五二七二人なので、各教会の平均会員数は九千人弱となる。

東京都内の教会は三十三あり、二十三区にある教会の平均包括面積二八・五平方キロメートル、車であれば三十分程度で通える範囲といえそうだ。図6は、立正佼成会の都内の教会を地図上に示したものである。

また長時間開いていることについては、新型コロナ以前は教会には会員

※濃色＝区部、淡色＝多摩

（出所） Googleマップで作成

図６　東京都内の立正佼成会の教会

の輪番による宿直者がおり、午前六時の開扉から午後十時くらいの施錠までは、出入りできるようになっていた。

⑤常連がいる

立正佼成会の教会には、「毎日組」といわれるような常連がいる。専業主婦の総務部長、教務部長のような役職者たちで、教会の日常運営を支えている。ただし近年は、日本社会全体として、共働きが多くなり、かつてのような子育て世代の専業主婦も少ない。立正佼成会も同様の傾向があり、「毎日組」は高齢世代の専業主婦が多くなっている。

⑥目立たない存在

オルデンバーグはサードプレイスの外見上の特徴を以下のように述べている。「飾り気のなさ」「派手で明るい外観ではない」「見た目が古ぼけているだけの建物の多くは、客に居心地よく楽しんでもらいたいオーナーの努力で、隅から隅まで清潔に保たれている」「そこに集う人びとの虚飾を取り除く役目も果たす」「常連は、自宅に戻ってめかし込んで来たりしない。むしろ、普段の格好で来る」［オルデンバーグ 二〇一三：八八－八九］。

教会の概観は写真のとおり、いたってシンプルなもので、住宅街に溶け込んでいる（図7、図8）。先に掲載した写真でわかるとおり、会員は、普段着で教会にやってくる。また内部もシンプルな構造となっており、「法座席」と呼ばれる部屋が儀式、研修、法座、雑談と様々な機能に対応できるようになっている。

⑦雰囲気に遊び心がある

⑧もう一つのわが家

理想的な状態では、教会は楽しく、くつろいだ雰囲気になる。「心が安らげるオアシスのような教会」（庭野日《にち》鑛《こう》会長）が目標とされている。またこれも先に写真で示したとおり、会員の子どもたちをみんなで見守っている雰囲気があり、「もう一つのわが家」という言葉が決して大げさではない。

図7　教会外観①

図8　教会外観②

以上、オルデンバーグがサードプレイスの特徴と述べる八つの指標と照らし合わせて、立正佼成会の教会の特徴を見てきた。「⑦雰囲気に遊び心がある」など、当てはまるといってよいかどうか、難しいものもあるが、多くの面で、両者に共通性があることを示した。立正佼成会には構造的にサードプレイス的な特徴があるのである[12]。

3　立正佼成会におけるサードプレイス的な活動

(1) 広島教会のカフェ活動の事例

次に、よりわかりやすくサードプレイスに近い活動例を取り上げたい。立正佼成会広島教会（広島県広島市）が二〇一三年から新型コロナ流行の少し前まで取り組んでいた活動である[13]。同教会公式ブログ二〇一三年二月三日に以下の記事が掲載されている。

カフェオープンしました♪

2013-02-03 Sun

1月14日、広島教会1階に青年部向けのカフェがオープンしました！

名前はCafe de couleures（カフェ　デ　クルール）。

クルールはフランス語でいろんな色という意味だそうです。

いろんな人が楽しく集える場所、安心・信頼の居場所になってほしいという願いを込めて名前をつけました。

婦人部の法座、支部のお当番の合間の休憩に……などなど、教会に来られた婦人部員さん方、どんどん活用してほしいと思います（*^_^*）

まずはバリスタで淹れたおいしいコーヒーを飲みにきてくださいね♪

広島教会婦人部　Y.

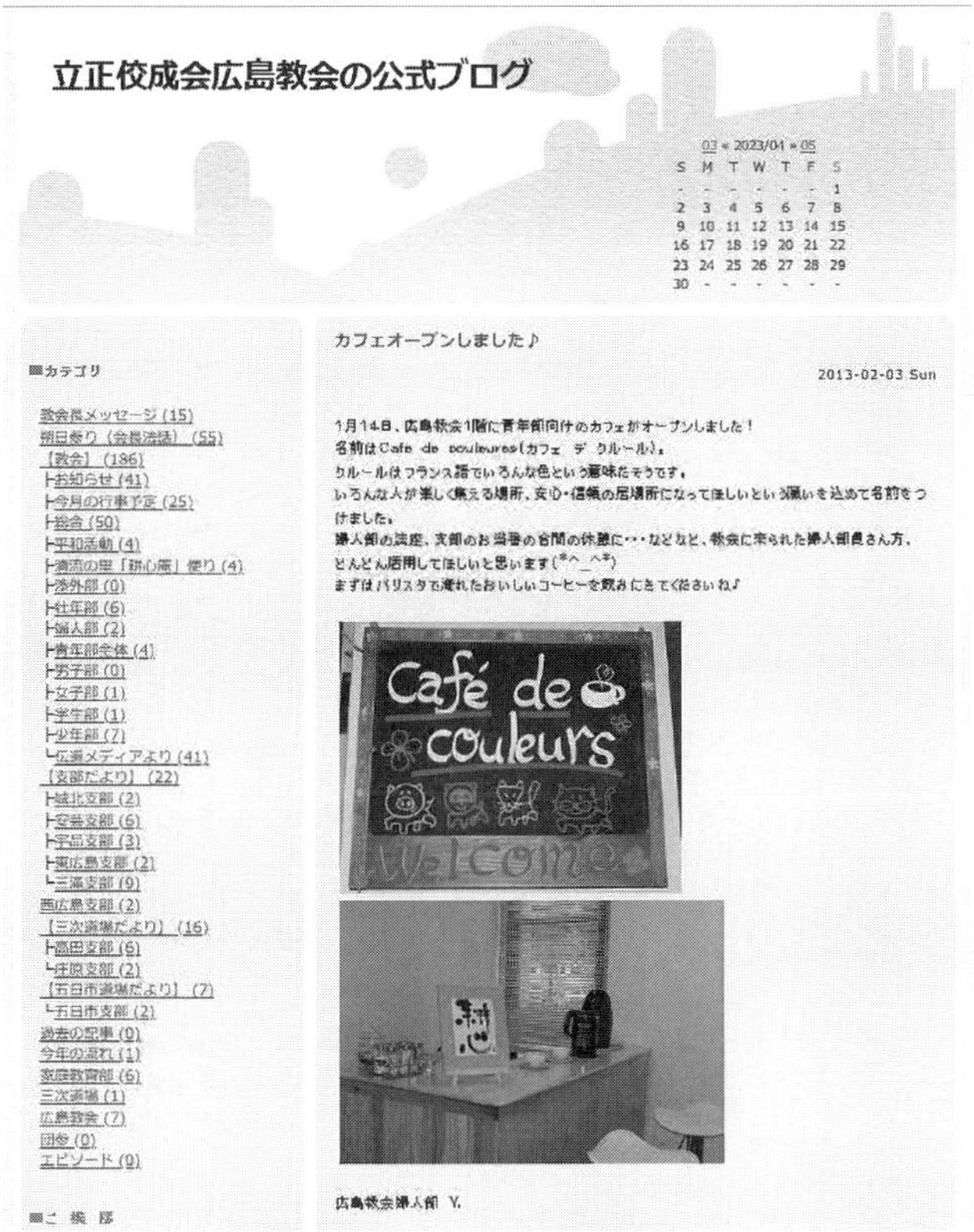

図9　立正佼成会広島教会のブログ

ここにも記載のとおり、色々な人（未会員も含む）との社交の場となるようにとの願いを込めたカフェ活動であった。立正佼成会の教会には「ご命日式典」と呼ばれる毎月一日、四日、十日、十五日の定例の式典がある。カフェ　デ　クルールはその式典終了後に、通常の教会活動とは別に、コーヒーを飲みながら自由に話しあえる空間を提供するため発案されたという。このような活動が発案された背景には、「根性直し」とも呼ばれる厳しい信仰指導を行う法座になじめない若手の婦人部会員たちが、心情を吐露したり、分かちあったりする場所を設けたいという思いがあった。雑談の他、講師を招いてネイル講座を開いたりもしていた。コーヒーメーカーを設置してコーヒー代は参加者から徴収するなど教会に頼らない自主運営を行っていた。

当初、参加者として想定したのは青年部や若手の婦人部会員だった。支部や教会の「お役」がないときも、カフェに参加するために教会に来る人も出てきた。それまで「お役」がないと教会に行きにくかった人でも、カフェを楽しみに教会へ足を運べるようになった。その内、ベテランの支部長たちも時折カフェに参加し、そこで法座のような語らいの場が持たれるようになった。はじめ、通常の法座ではないため、支部長たちも指導ではなく、婦人部会員たちの悩み事をじっくり聞かせてもらうというスタンスをとっていたようだが、なかには厳しい指導になってしまって、参加しづらくなってしまった婦人部会員もいたようである。また高齢会員たちも、道場当番の休憩時間にカフェの活動に参加するようになり、次第に教会活動の枠外の存在であったカフェのポジションが曖昧になっていき、様々な年齢の人が自由に参加する社交場となっていった。最後は、新型コロナ禍もあって、完全に活動が止まってしまった。

以上を概観すると、立正佼成会におけるサードプレイス的活動の可能性と限界も見えてくる。

4　宗教・コロナ禍・サードプレイス

(1) 新型コロナ禍以降の立正佼成会

立正佼成会の庭野日鑛会長は、新型コロナ禍以前の二〇一九年来、それぞれの置かれた場所における修行「即《そく》是《ぜ》道場《どうじょう》」を会員に呼び掛けていた。それを受けて、國富敬二理事長は、新型コロナウイルスの感染拡大が一つのきっかけとなり、同会は大きな転換点を迎えたとして、人が集う道場での活動が困難ななか、「道場参拝型」

を中心とした布教から、同会の原点である「万人布教者型」「入会者即布教者型」へと転換を図り、一層、人の心に寄り添うことを大事にしていきたい、と述べた[14]。

立正佼成会のサードプレイス性は危機に瀕しているのかもしれない。ここから考えられることをいくつか整理して、本章を閉じたい。

まず「即是道場」や「道場参拝型からの転換」について、新型コロナ禍における一時的なものに過ぎないのかどうかである。本章を書いている二〇二三年四月の時点で、新型コロナに関する各種の規制が撤廃され、社会経済活動は新型コロナ以前に近い状態に戻りつつある。しかし立正佼成会の教会活動を含めた活動再開について、しばしば聞こえてくるのは、「再開」ではなく「新たな出発」という表現である。このような流れからすると、立正佼成会が新型コロナ以前のような活動形態に戻ることはないのかもしれない。

(2) オンライン化

そうすると今後の展望として、一つは、オンラインへの切り替え、拡張がどこまで維持され、進むかということがある。そもそも新宗教は、信仰が日常の生活や、教会・支部での奉仕（お役）、社会活動に落とし込まれていることが特徴の一つであった。したがって、教団行事や社会活動が自粛されると、「信仰そのもの」が停滞する。新宗教の関係者のなかからは、そのような従来のあり方を反省する声もあがっていた。そういう面では新型コロナ禍は信仰の純化や強化をもたらしたが、末端では会員の教団離れが進んだことは否定できない。問題は、お役・活動から信仰への教導、深化が必ずしもうまく機能していなかった点だろう。

新型コロナ禍のなか、多くの教団ではオンラインによる儀式・行事の配信を行ってきた。ただし、かつて比較的若い人が多かったといわれる新宗教の多くも、信者の高齢化が進んでおり、パソコンやスマートフォンを持っていない、持っていても使いこなせない（アプリをダウンロード・設定できない、メールを使っていない）、インターネット環境、Wi-Fi などがない、対応できない場合が少なくない。[15] 儀式・行事は、宗教団体にとってはお布施、賽銭《さいせん》・玉串料などの寄付金の集まる機会でもあるが、お布施、賽銭などのクレジットカード、スマホ決済などによるキャッシュレス決済、オンライン上での決済代行などは事実上禁止されている。またオンライン化は、今のところ、情報の発信者と受け手を点と点でつなぐことが主で、場の共有までには十分に至っていない。

しかし他方、物理的距離を超えて、多様な人の集まりを創出するオンラインの可能性は確かにある。立正佼成会の場合でも、たとえば、一定の年齢以上の未婚の女性は、これまで、既婚者が多い婦人部にも若年者の女子部にも「居場所」がない、という声があった。現在、そういった女性は少なくないはずだが、教会外であれば、心おきなく集うことができる。そのような際に、オンライン上であれば、地理的に広く点在する類似の境遇の会員をそれぞれグループとして集めることができるため、強みを発揮できる。

（3）改めてサードプレイスについて考える

次に、立正佼成会／新宗教において、サードプレイス性が高いのは、もしかしたら拡大期ではなく、成熟期（停滞期）だけなのかもしれない、ということも考えてみる必要があろう。國富理事長の言葉を改めて考えると、確かに教会に「毎日組」の顔なじみが入り浸って、外部への布教などの働きかけが弱まり、新入会者が減少するのは、新宗教教団にとって、決して望ましい状態ではないかもしれない。しかし、改めて、次の庭野日敬開祖の言葉をかみしめる必要もあろう。

家庭も職場も、その他いずれの場所も、私達が生存する場のすべてが道場である（中略）（それでは：引用者補足）どういうわけで道場を建てるのか、と言いますと、何よりもその道場には、清らかな修行を続けてこられた皆さんの先輩がいます。そして、支部長さんをはじめ、幹部の人達も一緒になって修行していらっしゃる。皆さんがそういう所へ参りますと、おのずからお互いが競い合って「善いことをさせていただこう。みんながいい心掛けをもって幸せになりましょう」と言うように修行に専念します。皆さんがそうやって、家を離れて、お互いが真剣になって切磋琢磨し合うところに、道場の必要性と意義があります［立正佼成会編 一九七八：五三二］

道場や法座で、いろいろと教えられ、鍛えられ、そのうえで、職場や家庭にはいってこそ、初めてこの言葉（即是道場：引用者補足）が生きてくる［立正佼成会編 一九七八：二五二］

最後に、宗教教団の機能的側面からサードプレイスについて若干の考察を加えて本章を閉じたい。宗教教団には組織維持機能と、運動拡大機能の二つの機能を想定できるが、サードプレイスは特に前者と相性が良いのかもしれない。それが、新宗教の成熟期や神社、寺院などにサードプレイス的な側面が強いことと関係しているのだろう。ただし、サードプレイスを開かれた場として提供することで、拡大につなげる工夫もできるのではないだろうか。問題は、サードプレイスのような開かれた場でつながった縁を如何に継続的で太いものにしていくかであり、そこは宗教の教化力が問われてくる。そのあたりは今後の課題としたい。

（1）『佼成だより』二〇二〇年秋など。
（2）鈴木［一九七〇］などを参照。

(3) ただし、原著一九九九年版裏表紙の著者紹介には「consultant to entrepreneurs, community and urban planners, churches, and others」とある。またオルデンバーグが編集したサードプレイスの事例報告集には、元教会だった場所がカフェとなりサードプレイスになった事例が紹介されている［Ordenburg 2001 : 55–61］。

(4) 『福音と世界』二〇一八年十一月、新教出版社。

(5) 櫻井義秀「未来を語る寺院仏教へ――過疎地寺院問題《十一》」『中外日報』二〇二〇年一月一日。

(6) たとえば、「サードプレイス（第3の居場所）としてのお寺」湯川寺ブログ（https : //tousenji.jp/blog/otera-life/415/、二〇一九年六月三日、二〇二三年四月八日最終閲覧）、「店内ではフリー Wi-Fi に加え、各所に電源コンセントを配置し、サードプレイスとしてもご利用いただけます。」靖國神社　食事処・売店のご紹介（https : //www.yasukuni.or.jp/special/shops-restaurants/attic_room.html、二〇二三年四月八日最終閲覧）。

(7) 日本ショッピングセンター協会『SC JAPAN TODAY　特集：サードプレイス～交流と空間の仕掛けづくり～』五一一号、二〇一八年など。

(8) 小林・山田［二〇一三］、石山［二〇二一］など。

(9) Memarovic, Fels, Anacleto, Calderon, Gobbo and Carroll［2014］、高田［二〇一九］、林［二〇一九］など。

(10) 『佼成』一九六八年三月。

(11) 掲載の写真は、立正佼成会渋谷教会において二〇二三年四月三十日、青年部の研修会の模様を筆者が撮影したもの。

(12) 今回、検討を行えていないが、オルデンバーグ流のサードプレイスが男性優位あるいは男性中心であるのに対して、立正佼成会をはじめ新宗教は、女性、特にいわゆる中高年「婦人」が主である点も違う。それは時代社会状況の変化といってしまえばそれまでかもしれないが、サードプレイスの新たな可能性を開くものかもしれない。

(13) 本事例については、二〇二一年八月‐九月、立正佼成会中国支教区の竹野貴則氏との電話やメールを通じて、カフェ活動の立ち上げから関わった複数の会員に、間接的に聞き取りを行った。また立正佼成会広島教会のブログにも若干、同活動が紹介されている（http : //hiroshimarkk.blog101.fc2.com/blog-entry-84.html、二〇二三年四月一八日最終閲覧）。

(14) 「御親教」式典（二〇二一年一月七日）での講話。

(15) こういったデジタル化、オンライン化の進行によって、若い人が頼られ、活躍する場が増えたという良い面もあった。

▒参考文献

石山恒貴「サードプレイス概念の拡張の検討――サービス供給主体としてのサードプレイスの可能性と課題」(『日本労働研究雑誌』七三二、二〇二一年)四‐一七頁

オルデンバーグ、レイ『サードプレイス――コミュニティの核になる「とびきり居心地よい場所」』忠平美幸訳(みすず書房、二〇一三年)

隈元正樹『療術から宗教へ――世界救世教の教団組織論的研究』(ハーベスト社、二〇一八年)

小林重人・山田広明「地域のサードプレイスとしてのカフェ創出に関する研究――ソーシャル・キャピタルからの新たなサードプレイス像の検討」(『知識共創』三、二〇一三年)Ⅳ一‐一〇頁

サイモン、ブライアン『お望みなのは、コーヒーですか?――スターバックスからアメリカを知る』宮田伊知郎訳(岩波書店、二〇一三年)

ジンメル、G「社交(純粋社会学即ち形式社会学の一例)」『社会学の根本問題――個人と社会』清水幾太郎訳(岩波書店、一九七九年)六七‐九二頁

鈴木広「創価学会と都市的世界」『都市的世界』(誠信書房、一九七〇年)二五九‐三三六頁

高木宏夫『新興宗教――大衆を魅了するもの』(講談社、一九五八年)

高田佳輔「大規模多人数同時参加型オンラインロールプレイングゲームのエスノグラフィ――仮想世界において創発的サードプレイスをいかに生み育てるか」(『社会学評論』六九(四)、二〇一九年)四三四‐四五一頁

パットナム、ロバート・D『孤独なボウリング――米国コミュニティの崩壊と再生』柴内康文訳(柏書房、二〇〇六年)

ハーバーマス、ユルゲン『公共性の構造転換――市民社会の一カテゴリーについての探求[第2版]』細谷貞雄・山田正行訳(未來社、一九九四年)

林幹人「サードプレイス性による企業内SNSの評価の可能性」(『愛知学院大学論叢　経営学研究』二九(一)、二〇一九年)一一三‐一二二頁

モラスキー、マイク「解説」オルデンバーグ『サードプレイス――コミュニティの核になる「とびきり居心地よい場所」』忠

平美幸訳（みすず書房、二〇一三年）四六七－四八〇頁
森岡清美「宗教組織――現代日本における土着宗教の組織形態」（『組織科学』一五（一）、一九八一年）一九－二七頁
立正佼成会編『庭野日敬法話選集3　立正佼成会の教え（真実顕現時代）』（佼成出版社、一九七八年）
Memarovic, N., S. Fels, J. Anacleto, R. Calderon, F. Gobbo and J.M. Carroll, "Rethinking Third Places : Contemporary Design With Technology," *The Journal of Community Informatics*, Vol.10, No.3, 2014.
Oldenburg, R., *Celebrating the Third Place : Inspiring Stories about the "Great Good Places" at the Heart at our Communities*, Marlowe & Company, 2001.

第6章　コロナ禍における移動と宗教

――社会的空間の再構成と「動く」信者に注目して――

李　賢京

1　移動と宗教

（1）オフラインで「動く」信者と宗教

COVID–19以前、宗教施設では、人びとが一堂に会し、対面での宗教実践や集会が行われていた。たとえば、キリスト教においては対面礼拝・ミサに参加した信者にのみ、聖水・聖体が認められ、教会という物的基盤において、対面の宗教実践を通して、組織、制度がその場にいる信者に結びつけられてきた。つまり一連の活動のほとんどは対面で実施することに意義があるとされてきたのである。また、信者たちのなかには自分が所属する教会の礼拝・ミサ・集会だけではなく、著名な宗教者のいるよその教会の礼拝・ミサ・集会にも積極的に参加する人も少なくなかった。信者たちは、自らの宗教的ニーズを充足させるため、自由かつ積極的に動き、教会という制限された物理的空間における対面での諸活動に意味を見出してきたのである。

グローバル化により、人びとの移動は地球規模で展開されることになったが、先のような対面を重視する宗教実践は、移動後の新たな生活圏においても続けられた。一九八〇年代以降、来日する韓国人ニューカマーが増えるにつれて韓国系教会の設立が増えたが、韓国人ニューカマー信者は韓国と同様の信仰生活を日本においても継続することを希望した。韓国で通っていた教会の関係者や知人からの紹介・情報をもとに教会選びを慎重に行い、エスニック・チャーチを形成してきたのである[(1)]。さらに彼／彼女らは、韓国から離れても韓国の教会との関係を断絶するのではなく、日韓の教会双方に教籍を置き、信仰生活を続けてきた。結果として、彼らは日韓の教会をつなぐ役割を果たしているのである。

日本国内の労働力不足問題解決策として実施されている技能実習生の来日により、ベトナム人やフィリピン人などが増えてきたが、来日後も母国と同様に、カトリック教会のミサに出席する信者たちが少なくない。彼らの集う地域のカトリック教会では、信者の減少や高齢化が顕著であるが、彼／彼女らの若い信者たちが加わることによって、かつての活気が再び溢れるところもある。とりわけ、ベトナム人信者の増加によって、コミュニティが形成され、ベトナム語ミサを設けたり、生活・諸問題にも相談窓口を設けたりといった支援活動を展開する教会も増えてきた。その際、母国語のミサや母国出身の宗教者（司祭、シスター）の役割は大きい。そのため、近年、日本のカトリック教会では、年々増えている外国籍信者への対応や、司祭不足問題の解決策として、アジア出身の司祭を教区司祭として迎え入れている［李 二〇二〇 a］。「動く」信者の増加とともに、彼／彼女らの出身地域の宗教者も一緒に「動く」のである。

このように、信者たちは、宗教施設へ自由に出入りし、対面によって各種儀礼や集会を実施してきた。当該宗教の聖性や秘儀を対面にて共有することで、信仰共同体が維持できるとしてきたのである。そのため、移動や移転した先でも、同様の実践ができるよう、積極的に教会を、そしてつながりを求めてきた。つまり、自身の信仰生活と信仰共同体の維持には、建物や場所という物理的空間における対面での実践が当然視されてきたのである。言い換えれば、病気や仕事などで対面での儀礼や集会への参加が難しい信者に対して、各宗教はこれまであまり対応してこなかったことを意味する。ところが、COVID–19の出現は、信者にとって、移動と対面での宗教実践を制限することとなり、宗教界においても、これまで当然視されてきた「物理的空間における対面での実践」のあり方の再考が求められたのである。

（2）当然視が許されないコロナ禍の宗教

二〇二〇年に入ってからのCOVID–19感染拡大によって人びとの移動が制限された。日常において、ソーシャルディスタンスを保つことが求められ、移動を伴うことからオフィス勤務が制限され、外出も自由にできなくなるなど、人びとの日常が止まったかのような状況が三年近く続いた。韓国や日本では、外国のように極端な制限はなされなかったものの、人びとは集まりを自粛し、家族の集まりでさえも延期することが多かった。このような状況は、当然のことながら宗教活動にも影響した。礼拝・ミサ・法会なども一時中止され、オンラインに切り替えて行われ、宗教施設は信者の往来が途絶え、かつての活気を失った。また、COVID–19感染拡大期に宗教施設でクラスターが多発したことで、宗教は感染爆発の震源地としてとらえられ、宗教はスティグマ化した。その結果、宗教による対面での集会開催も厳しく制限されることになった。二〇二〇年当初、韓国では、これまで韓国教会の特徴ともいわれてきた教会における共同飲食や、子ども主日学校（教会学校）、伝統的なセル集会（小グループ宗教活動）、その他小規模集会、伝道・海外宣教が全面禁止・制限された。そのため、信者数が減少し、教会財政も逼迫《ひっぱく》し、宗教団体は消滅の危機にあるとまでいわれた。

COVID–19感染拡大による人びとの移動制限に伴い、宗教集会の休止・禁止は世界各地で見られ、信者の信仰離れが加速化したわけだが、とりわけ、キリスト教界を見てみると、アメリカのプロテスタント教会の教会離れが深刻であるという報道が相次いだ[2]。韓国のプロテスタント教会の長老教会は、三年間で信者数が五五万人減少し[3]、韓国のカトリックでは、主日ミサの出席者が COVID-19 以前の半分以下であると報告された[4]。こうした信仰離れ状況は、日本も例外ではない[5]。このように、コロナ禍の移動制限は、全世界の信仰実践や信念に生きる人びとに影響したのである。

（3）信仰離れの加速化と臨機応変な対応としてのオンライン化の導入

このような宗教集会の休止・禁止による信者の信仰離れという危機的な状況を、「オンライン化」を通じて乗り越えようとする動きが世界各地で見られた（本書各章でもその実態が報告されている）。たとえば韓国では、オンライン礼拝・ミサをはじめ、オンラインでの会議・教育・各種集会を執り行うために、デジタルインフラの整備がされた［李 二〇二〇b］。カトリック教会では、QRコードによってミサへの出欠を取り、出席名簿を電子化したり、信者用のモバイル身分証の携帯、YouTube 教会、ドライブスルー聖体、バーチャル聖地巡礼など、IT強国である韓国らしい光景が見られた。日本でも、仏教界の若手僧侶を中心に、オンライン会議システムを通じて法事を配信する「オンライン法事」や、YouTube を通して本堂の様子をライブ配信するなど、オンライン化が試みられた[6]。たとえば、築地本願寺ではコロナ禍前、毎朝のお勤めの参拝者は多くても六十人程度だったが、配信では二百人以上を上回り、盛況を見せた。キリスト教界では、たとえばカトリック麹町聖イグナチオ教会では、主日ミサを YouTube で配信し、日本語ミサに加え、英語、スペイン語、ベトナム語ミサなど、外国籍信者のために多言語対応を実施するほか、入門講座もオンラインを通じて実施し、移動が制限された信者たちに寄り添った[7]。

一部では礼拝・ミサのオンライン化に対する憂慮や、対面礼拝の必要性を強調するところもあり、オン・オフライン集会をめぐっての意見の食い違いも存在した［李 二〇二〇b］。その一方で、宗教実践における新たな可能性が見出された。これまで対面で実施されてきた宗教集会や儀礼などを、コロナ禍で導入したオンライン手法と従来の手法とを柔軟に組み合わせて行うことによって、自由に移動できない信者の宗教的ニーズが充足される例が多々見られたのである。つまり、COVID–19によって、消滅の危機にあるとまでいわれた宗教は、活動の維持を図ることを目的に実施したオンライン対応によって、結果的に新たな信仰生活の形、宗教のあり方を提示することになった。物理的空間における対面での実践が当然視されてきた集会や儀礼において、オンライン化の可能性が見えたのである。COVID–19によって、対面が制限されたことから、信者数は減少したものの、オンライン化の実施により、ある程度教会離れを食い止めることができ、宗教団体は存続危機を免れることができたといえる。つまり、COVID–19によるパンデミックは、必ずしも教会共同体の紐帯を弱め、信仰生活の動力の低下や宗教活動への関心そのものの減少につながることはなかったのである。

実は、ポストコロナ時代においては対面ではなくオンラインでの宗教集会や活動が主流になると予測され、それは宗教を基盤とする共同体の衰退・解体を引き起こすことになるとまでいわれた［チョン・ジェヨン 二〇二三］。この状況を受け、世界各国で宗教活動において多くの制約や変容がもたらされたことから、諸宗教団体では自らの宗教活動に対する信者たちの認識や信心の変化などを把握するための調査を多数実施し［キム・ヒョンギョン 二〇二二］、対面からオンラインへの切り替えは、人びとの宗教的紐帯を弱体化する可能性が高く、宗教的紐帯はソーシャルキャピタル[8]の衰退につながるという結果が見られた。さらに、ソーシャルキャピタルの衰退により、社会問題などの解決のための努力まで萎縮することで、より社会問題を引き起こすとまでいわれた。つまり、宗教のオンライン化について多くの人びとは悲観的であった。しかし、先に見てきたように礼拝やミサなどの宗教実践をオンライン化することによって、新しい宗教的紐帯の形成やそれによるソーシャルキャピタルが確保されている様子が存在した。また、免疫力の弱い疾患の持ち主や幼児、高齢者など、対面での宗教集会に出席したくてもできなかった者の積極的なオンライン参加も見られるようになった。さらには、多くの教会でオンライン礼拝・ミサなどを実施したため、自分の所属する教会以外の礼拝やミサにもオンラインで気軽に参加でき、所属意識においても多様化が見られた［チョン・ジェヨン 二〇二三：四三］。

一時的なものとして臨機応変に試みられた宗教のオンライン導入は、もはや一時的なものではなく、宗教のあり方そのものを語るうえで、なくてはならないものになってきているといえる。そして、これまで対面で動く信者と、動けない信者の関係性が再構築されるようになったのである。

2 コロナ禍における宗教のデジタル転換とハイブリッド教会の創出

（1）デジタル転換と社会的空間の再構成

ポストコロナ時代では、オンライン化した諸活動のオフライン化が予想されるが、すでに構築されたデジタル転換(9)（Digital Transformation）は、今後も持続的に行われると考えられている［SW中心社会編集委員会 二〇二〇］。デジタル転換の辞書的意味は「デジタル技術を社会全般に適用し、伝統的な社会構造を革新させること」である。たとえば、企業の場合、最初は在宅勤務を受動的に受け入れたが、いまは積極的に実施する会社が増えている。その背景には、パンデミックは一時的なものではなく、いつまた世界的規模で発生するかもしれないという判断がある。その結果、様々な分野において物理的空間の縮小や再構成、脱中央化が進められていく。たとえばこれまで宗教活動は、特定の物理的空間に集まって、制度化された儀礼・典礼を共に実践することが真なる信仰であると信じられてきたが、COVID-19による物理的空間の閉鎖は、オンライン化を活発化させた。既存のオフラインによる信仰のフレームが崩壊しつつあり、個人の私的空間と従来の宗教共同体の物理的空間が同様のフレームにて展開されている。ただし、このような傾向が続くと、物理的な空間の存在意味について自ずと疑問が抱かれ、最終的に物理的空間が以前ほど重要ではないと認識するようになり得る。このような一連の状況は、「社会的空間の再構成」ともいえる。近代資本主義の発展に伴い、すべての社会経済活動はそれに似合った物理的空間を前提とされ、大量生産は大規模工場で、商取引は市場で行われるようになった。学問は大学のキャンパスで、宗教は宗教施設のなかでといったように各々の役割を物理的空間のなかで果たしてきた。このような状況に対し、COVID-19は既存の物理的な空間が本当に必要なのか、または物理的空間に代替できる空間は存在しないのか、と本質的な問いをわれわれに投げかけたのである。とりわけ、宗教の場合、都市中心部の大型宗教施設は従来の信仰フレームに基づく役目を果たすことができず、結局「宗教の世俗化」につながっていく可能性が指摘されており、デジタル転換をより積極的に推進することで、社会的空間を再構成（物理的空間が縮小もしくは解体）していくと考えられる。

（2）デジタル宗教とハイブリッド教会の創出

今日、宗教への帰属意識が多重的なものになりつつある。ハイディ・A・キャンベル（Heidi A. Campbell）は、メディアを通して宗教の変容を検討し、二〇〇〇年代に入ってから各々の宗教がメディアをどのように利用し、そのメディアによる信仰の変化がどのようにもたらされたかについて分析した［Heidi A. Campbell 2012 ; 2016］。欧米ではすでに多様な形態のオンライン教会が試みられている。ティム・ハッチングス（T. Hutchings）は、Church of Fools[10]とSt. Fixels[11]、I-Church[12]、Lifechurch.tv[13]など、欧米の様々なオンライン教会の事例を取り上げ、オンライン教会の現状と可能性について述べた［Tim Hutchings 2019］。このように、コロナ禍以前より、オンライン礼拝・ミサやオンライン教会より広範囲の「デジタル宗教（Digital Religion）」という概念が登場しているように、宗教のデジタル転換を通じて、従来の物理的空間が存在しなくても、オンライン基盤で宗教活動が充分可能であり、新たな宗教のあり方を示唆している。それはコロナ禍においてより強固な概念となりつつある。したがって、ポストコロナ時代は、オンラインとオフラインが共存するハイブリッド教会（Hybrid Church）が定着するとされる［キム・スンファン 二〇二二］。

ハイブリッド教会は、一つの教会のなかにオン・オフ教会（Online-Offline Church）が共存することを意味し、信者たちは一つの宗教共同体に所属し信仰生活をするのではなく、様々な形での参加や関わりを通して多重的帰属意識（multi-belonging）を有し、宗教的権威の受け入れもかつてとは異なる方法で形成される。実は、韓国や日本においてもソーシャルディスタンス確保のためイベントに関わる感染防止対策として実施された集会への人数制限などによって、対面での参加人数を減らす代わりにオンライン配信を通してオンラインと対面を併用しハイブリッド化を試みた教会は少なくない。これにより、教会離れによる信者数の減少とは対称的に、これまで病気や通学、通勤などで対面での宗教集会に参加できなかった人びとの参加が促されたのである。言い換えれば、すでにハイブリッド教会の基盤づくりは始まったといえる。

以下では、デジタル転換によるハイブリッド教会の現状と可能性について、四事例を通じて検討し、新たな宗教のあり方について分析する。

3　ハイブリッド教会の現状と可能性を考える
――四事例から捉える――

事例一：韓国のキリスト教の場合

韓国においてもソーシャルディスタンスは従来の宗教生活に大きな影響を与えた。韓国の宗教界は、国のソーシャルディスタンス確保に協力し、集会を禁止した。長期にわたるソーシャルディスタンス確保の維持は、韓国人の日常生活における社会的関係のディスタンスを再構成することにつながった。多くの宗教では、オンライン法要や礼拝、ミサ、SNSを通してコミュニケーションをとるなど、いわゆるアンコンタクト（uncontact）が、新たな儀礼に導入されたのである［ユ・スンム 二〇二〇：五四］。つまり、COVID–19は、意図せざる結果として、新たな宗教集会の形を経験する機会を、信者たちに提供したといえる。こうした宗教界の変化は、宗教者や信者のみならず、宗教を媒介する市民社会や国家などとの関わりも再構成することにつながる。

韓国のカトリック教会の様子について見てみよう。対面での「秘跡」[14]の実践を重要視するカトリックだが、ミサなど一部の秘跡はオンライン空間に移行したものの、聖体などの秘跡は教会堂のなかではなかったが、従来の対面での実践に固執する様子が見られた。具体的には、韓国カトリック教会では、ミサをYouTubeでライブ配信したり、教会内の信者たちの会合もZOOMやSNSを通じて行った。また、これまで対面で行われてきた聖体は、ドライブスルーで行い、省略する様子が見られた。このように、対面重視の韓国カトリック教会において、聖なる儀礼のハイブリッド化という変容が見られたのである。

一方、プロテスタントを見てみると、COVID–19感染拡大期にIT技術を素早く導入し、従来対面で実施した礼拝や集会などをオンライン化した。さらに、メタバース（metaverse）[15]を宣教活動に活用する教会も現れた。たとえば、メガー・チャーチの一つであるオンヌリ教会では「ＶＲ（Virtual Reality、仮想現実）天地創造」という宣教体験館を二〇二一年七月からスタートした[16]。韓国内にあるオンヌリ教会の十キャンパスにおいてＶＲ宣教体験館を運営し、日本をはじめ、ネパール、モンゴル、タンザニア、インドネシア、イラク、メキシコ、ロシアなど八か国の宣教現場を訪問することができるようにした。ただし、聖水を重視するプロテスタントにおいては、聖水だけは対面で実施していた。このように、儀礼のオンライン化と対面での実施を併用する形で、プロテスタントにおいても儀礼のハイブリッド化が確認できる。

以上のように、韓国のキリスト教（カトリックとプロテスタント）の信者たちは、COVID-19感染拡大による移動や集会開催の制限から、従来の対面での活動をオンライン上で継続することになった。ただし、オンラインに切り替えることのできない一部の宗教実践においては、継続して対面で実施し、ハイブリッド化が見られた。しかしながら、オンライン化の導入は、自宅にいながら所属教会の集会と、所属教会以外の集会への参加も可能とし、物理的空間における信者たちの移動の制限とは対比に、オンライン空間における信者たちの活発な動きが見られた。それだけではなく、対面ではなかなか他宗教の宗教集会や勉強会などに参加できなかったクリスチャンのなかからは、オンラインという空間を通じて他宗教のオンライン集会や勉強会にも加わることができるなど、超宗教的状況も一部では見られた。

こうしたハイブリッド化は、今後、教会間連携や協力、さらには宗教間連帯・協力を可能とし、教会の新しい活力としてなり得ると考える。また、宗教実践という意味では、韓国国内のみならず、国外からでもオンライン空間を通じて自由に参加でき、世界に散らばっている韓国人クリスチャンを結ぶこともできた。また、韓国教会の宗教実践や集会への参加を希望する海外クリスチャンの参加も加わり、いわゆるトランスナショナルな宗教活動の場を提供しているのである。

事例二：横浜教区のAカトリック教会の場合

神奈川県の中都市に所在するA教会では、COVID-19感染拡大期に集会が制限され、高齢者の多いA教会でも一時期すべての宗教活動を中止した。だが、主任司祭の積極的な働きかけにより、一か月に近い活動中止を終え、平日・主日ミサや聖書勉強会、入門講座、子どもたちの教会学校などすべてをオンラインに切り替えた。信者たちによる自主的なオンライン勉強会も見られた。人数制限のもと集会が許されてからは、平日ミサを火曜日はオンラインで、水・金曜日は対面で実施し、主日ミサは地区・班ごとにローテーションを組み、人数制限を行って対面で実施した。聖書勉強会はオンラインで、教会学校や入門講座は対面で実施した。

高齢者の多いA教会では、当初オンライン導入により、デジタル環境に慣れない高齢者信者の戸惑いもあったものの、司祭や教会委員たちがZOOMの使い方を説明するなどのフォローを行った。オンラインに切り替えたばかりのころは、接続・音声トラブルなどでミサなどが上手く進められないという問題はあったものの、時間の経過とともに、信者たちは次第にオンライン宗教集会に慣れていった。A教会では、こうしたオンライン化によって、COVID-19前は対面ミサなどに参加したくてもできなかった病気を抱えている信者や医療従事者、学生なども、オンラインを通して参加が見られるようになった。また、普段、司祭と信者の間にある距離感もオンライン空間においては縮まり、より親近感が沸いたという感想がオンラインミサなどに参加した信者たちから聴かれた。A教会の信者たちは、オンライン化という経験を通じて、いままで経験できなかった聖なる体験、分かち合い、オンライン布教ができたという。とはいえ、A教会の場合も、聖体は対面で行った。オンラインミサに参加した信者たちは、オンラインミサの終了後に決まった時間内に教会に行けば、司祭から聖体がもらえるように対応した。A教会の事例からも、宗教実践のハイブリッド化が確認できるが、集会の制限がなくなった今では、主日ミサや教会学校、入門講座など、多くの集会は対面に戻ったという。ただし、火曜日の平日ミサと木曜日の聖書勉強会はオンラインでそのまま継続して行っている。

事例三：新潟教区のBカトリック教会の場合

都市部への人口流出に伴う少子高齢化により、年々信者数の減少や高齢化が顕著になりつつある新潟県のB教会においても、COVID–19感染拡大により、すべての宗教集会が中止となった。毎週、教会での対面ミサを楽しみにしていた高齢の信者や青年会メンバー、そしてベトナム技能実習生など外国籍信者は、早くCOVID–19が収まり、ミサなどの再開を切実に願っていた。そのようななか、教区青年会メンバーたちが立ち上がった。Facebook や Instagram などで情報発信を行った。また、ミサを YouTube で配信することになった際、サポートを自ら手を挙げて行った。青年会活動や聖書勉強会などもＺＯＯＭを通じて始まった。さらに、カトリックで最も重視する秘跡の聖体を、B教会ではＬＩＮＥのビデオ通話を用いて言葉で聖体が与えられるように工夫した。参加を希望する信者たちがグループＬＩＮＥに加わり、毎回平均五–十名程度が参加、聖体が与えられたという。B教会の事例を通して、これまで対面でしかできないとされてきた聖体も、コロナ禍というパンデミック時代においてはオンラインでも可能であることを証明したのである。

また、ネットワークの強化という点も見られた。新潟教区は、新潟、山形、秋田にまたがっており、教区内の物理的空間の移動においてもともと制限があった。たとえば、教区の青年会メンバーが集まって関連活動を実施したくても、移動距離が長く、年に一回対面で集まるだけで苦労をしたという。だが、COVID–19感染拡大期にオンライン導入を通して、物理的移動の制限がなくなり、教区内の青年たちを結ぶことができたのである。B教会をはじめ、新潟教区の各教会においては過疎・高齢化によって青年会メンバーが年々減っており、若者の不在による青年会が存続しなくなった教会もある。だが、近年はベトナム技能実習生など外国籍信者の参入により、再び昔のように若者が集う和気あいあいとした雰囲気になっているところもある。そのベトナム技能実習生の外国籍信者たちも、オンラインを通じてつながり、宗教活動のみならず生活情報の共有などを積極的に行っている。

事例四：札幌教区のCカトリック教会の場合

少子高齢化が進む地域に所在する札幌教区のC教会では、地域の製造会社などに勤めるベトナム人・フィリピン人技能実習生が数年前から増えはじめた。彼／彼女らは主日ミサに出席し、ミサ後には青年交流会活動に積極的に参加し、ベトナムやフィリピンの文化紹介や料理を振る舞うなどのイベントを企画・開催したり、日本語学習で日本語を学んだりして、教会で時間を過ごす。このようにC教会に集う外国籍信者たちにとってカトリック教会は、信仰の場だけではなく、日本社会で暮らす際、コミュニティの重要な結節点の役割を果たしていたのである［李・田島 二〇二〇：二〇］。従来、越境した信者たちにとって教会は、異国の地において宗教生活の拠点となるだけではなく、同胞との出会いや生活上のトラブルなどについて助言を得たりする際にも頼りになる空間でもあった。

しかし、COVID–19感染拡大を機に、C教会では、宗教生活の拠点、そしてコミュニティ・センターとして役割を果たしていた物理的な空間を提供できなくなってしまった。だが、C教会ではCOVID–19以前から、地区青年交流会リーダーを中心に、ベトナム技能実習生など外国籍信者を対象に、教会のミサや集会などの関連情報をFacebookを通して行い、外国籍信者の生活面における様々なフォローも、Facebookのメッセンジャーを利用して行っていた。そういった背景もあり、COVID–19感染拡大期においても、C教会は普段通りにFacebook

を通して情報発信を行うことができた。感染拡大とは関係なく、これまで着実に行ってきたオンライン活動を基盤とし、宗教生活の拠点として、またコミュニティ・センターとしての役割を教会が果たしてきたのである。その甲斐もあり、COVID–19で給料が激減し生活に困難を抱える信者たちの様子にも素早く気づくことができた。彼女らへの支援活動を行うべく、ただちに地区青年交流会リーダーを中心に、教会・地区・教区信者や関係者を対象に食料支援や寄付金などの支援を呼びかけた。その努力もあって、地元のフードバンクや農場からの食料支援が得られ、各地からは寄付金も集まり、コロナ禍のなかで困窮する外国籍信者たちを支えることができた。

C教会の事例を通して、越境した信者たちにとって宗教は、「頼りになる存在」であり、対面からオンラインに切り替わっても、宗教を基盤とするコミュニティの重要な結節点となる点は変わりないことがわかった。

以上、四事例から、COVID–19感染拡大期において宗教はオンラインだからこそできる可能性を模索しようという動きがある。それは結果的に、従来の対面での諸活動を併用するハイブリッド化を図ることで、信者のオンライン上で参加を促し、結果として教会の持続可能性にもつながると考える。その際、もともと対面で形成されていた宗教的紐帯を基盤とする人的ネットワークと、デジタル環境に詳しい担い手が必要不可欠な存在である。国や地域が異なっていても、COVID–19より進められたオンライン導入による宗教のハイブリッド化は、新たな宗教のあり方を示唆するものである。

4　宗教のハイブリッド化と新たに「動く」信者

（1）元に戻ることはできない

COVID–19によって、自宅での宗教実践、集会や礼拝・ミサのオンライン化が急速に浸透した。ある調査によると、定期的礼拝の出席者の半分が、パンデミック中は対面礼拝からバーチャル礼拝に切り替えたという［堀江 二〇二二：八六］。これにより、それまで宗教的実践をしていなかった人も含めて、祈る時間が長くなった人が多く、祈りは失業や不安を抱えている人の助けになるなど、COVID−19は宗教的信仰の深化をもたらすだろうと宗教の肯定的作用への楽観的希望を述べている研究が多い［堀江 二〇二二：八七－八八］。一方、集会のデジタル化は、一時的なものと考えている人が多いが、デジタル化を機に教会離れが加速化した状況は、元に戻ることはできないと考える［堀江 二〇二二：八六－八七］場合も多い。

筆者が調査を行った日本のカトリック教会を見てみると、COVID−19以降、信者の教会離れが進む中、対面とオンラインを併用（ハイブリッド化）する形で柔軟に対応できた教会もあれば、担い手の不在などで実施できなかった教会もある。また、ハイブリッド化を実施してきた教会も、今後の方針がまだ定まっていない教会が多い。感染拡大が落ち着いてきた現在は、むしろCOVID−19以前の対面での宗教活動に切り替えているところが多い。調査で出会った人びとは、「宗教は、対面での遊びや分かち合いがメインなので、オンラインではその魅力が伝わらない」というのがその主な理由であるという。対面での体験や集団で行う実践などを重視する宗教だからこそ、ある意味当然かもしれないが、せっかく整えられてきたデジタル転換は、日本の宗教界において後退しつつあるようにも見える。

（2）教会は「神の民」、「全人類の道具」

第二バチカン公会議[17]以降、カトリックにおける「教会はキリストにおけるいわば秘跡、すなわち神との親密な交わりと全人類一致のしるし、道具である」と示された［『教会憲章』一条］。さらに、教会は、「全世界に派遣された神の民によって、すべての人一人ひとりにとって、救いをもたらすため、すべての地域に広められている」

〔『教会憲章』九条〕のである。「教会、すなわち、神の民は、この国を建設するにあたって、どの国民からも物質的富を決して取り去らず、かえって、諸国民の能力や資質や習慣を、それがよいものであるかぎり、受け入れ、しかも受け入れつつそれを清め、強め、高めている」〔『教会憲章』一三条〕。この「神の民」ということは、教会の本質を表すものである。このように、第二バチカン公会議以降、カトリック教会は「教会の外に救いなし」とする排他主義を脱していわゆる「包括主義」の立場に立ち〔桑原 二〇一八：一七四〕、教会は「神の民」として、「全人類の道具」として位置づけられたのである。言い換えれば、特定の物理的空間に、所属された信者たちだけが集まって、制度化された儀礼・典礼を共に実践することが真なる信仰である、というわれわれの固定観念をひっくり返すものである。つまり、教会は、物理的な空間の存在有無に関係なく、オフラインでもオンライン上でも成立できるのである。

(3)「動く」信者と共に「動く」教会

二〇二三年五月現在、世界各地ではCOVID–19による水際対策を緩和・終了し、各国で入国制限措置や行動制限措置を解除したことで、人びとの移動が再活性化した。グローバル化に随伴して越境する人びとの移動は確然と進む。人の移動が頻繁かつ手軽に行われている現代社会において、COVID–19を機に「動く」信者の活動領域は、従来の対面からオンラインを加え、その活動領域はさらに広がっている。特に、場所を選ばなくてもよいオンラインによる交流は、「動く」信者に対して、共に「動く」教会を提供することになり、信仰活動の継続、もしくは新たな関係性を構築することにつながる。オンラインでつながり、定期的に対面で会合などを行うハイブリッド化を図ることで共同性を確保し、新しい教会体制づくりになると考える。

さらに、これまでにはないスピードで進化を遂げるＡＩ（人口知能）技術は、宗教界においても新たな進展を与えると予想されている。言語の壁や物理的な空間の制限といった要素が解消され、世界各地の人びとがＡＩ技術を駆使したオンライン基盤の集会などに自由に参加でき、より深化した宗教的紐帯を有する共同体が誕生する可能性も十分あると考える。また、医療従事者や高齢者、青少年のほか、身体の不自由な方やうつ状態や依存症などの病を抱える人びとなど、小グループ活動を、ＡＩ技術を導入してオンライン上で組織することができ、小グループの特徴に合わせた形で宗教者が牧会活動を行い、より特化した教化活動も実現可能になると考えられる。COVID–19によって臨機応変な対応として始まった宗教のオンライン化は、一部では今も持続的に行われている。今後、デジタル社会に見合った新たな宗教の形が出現し、信者たちはその新しい環境において自らの宗教実践や信念を保持するために「動く」だろう。こうした「動く」信者に対して素早く「動く」宗教は、今後デジタル社会においてさらなる活動領域を拡張していくと予想される。

（1）ここでいう韓国人ニューカマーとは、オールドカマーである「在日コリアン（戦前戦後を通じて、数世代にわたって日本社会で定住外国人として暮らしている在日韓国・朝鮮人）」とは区別し、主に一九八〇年代以降に来日した韓国人を指す（ただし、一九六五年の「日韓協定」の時期を境に韓国人ニューカマーと在日とを区別する場合もある）。

（2）「米で加速する教会離れ　なぜ教会はコロナ禍を経て以前と同じ状態に戻れないのか？」『キリスト新聞』二〇二一年七月十九日、オンライン版　http://www.kirishin.com/2021/07/21/49790/（二〇二三年五月一一日閲覧）

（3）「パンデミックで干潮のように…長老教会聖徒三年で五五万人急減」『国民日報』二〇二二年九月二十一日、韓国語オンライン版　https://news.kmib.co.kr/article/view.asp?arcid=0017494869&code=61221111&sid1=all（二〇二三年五月十一日閲覧）

（4）「昨年のカトリック駐日ミサ参加者、コロナ前の半分にも満たない」『ハンギョレ新聞』二〇二二年四月二十七日、韓国語オンライン版　https://www.hani.co.kr/arti/well/news/1040559.html（二〇二三年五月十一日閲覧）

(5) 筆者の調査によると、日本のキリスト教会において礼拝・ミサへの出席者が激減しているところは少なくない。

(6) 「新型コロナ　宗教のオンライン化」『毎日新聞』二〇二一年二月十九日、東京朝刊、九頁（解説面）。

(7) カトリック麹町聖イグナチオ教会　公式HP（日本語）https://www.ignatius.gr.jp/index_j.html（二〇二三年五月六日閲覧）

(8) ソーシャルキャピタルとは、社会の様々な組織や集団の基盤になる「信頼」「規範」「人と人との互酬性」である［稲葉二〇一三：二一］。ソーシャルキャピタルが豊かなところは、組織や集団として強く、思いやりによる支え合い行為が活発化し、社会の様々な問題も改善される。欧米ではソーシャルキャピタルとしての宗教への関心が高く、宗教が人と人とのつながりを作り出し、コミュニティの基盤となる可能性があるとされる。日本においては、東日本大震災以降、「宗教の社会貢献」が注目され、その様子からソーシャルキャピタルは、「宗教者、宗教団体、あるいは宗教と関連する文化や思想などが、社会の様々な領域における問題の解決に寄与したり、人々の生活の質の維持・向上に寄与したりすること」［櫻井・稲葉二〇〇九：四〇］と定義されている。

(9) デジタル化は、従来のアナログのデータやシステムをデジタルデータに変換し、コンピューターが処理できる形に変え、作業を効率化させることである。たとえば、紙の契約書を電子契約書に移行するなどがある。一方、オンライン化は、これまでオフラインで行っていた作業をインターネットに接続することで、オンライン上で操作可能な環境を構築することを指す。

(10) 二〇〇四年にイギリスで誕生したオンライン教会の Church of Fools は、アバターが仮想の礼拝堂のなかに入り、対面の礼拝のように礼拝できる形で行われた。礼拝の発信後、最初の二週間は八千人が訪れ、多いときは四万人まで出席したという。Church of Fools はオンライン教会の可能性を示した初めての試みだったが、リーダーシップの欠如や共同体形成の困難などの課題を残した。

(11) Church of Fools の課題を補完する形で、二〇〇六年に登場した St.Pixels は、組織や体制を整備し、より広範囲なコミュニケーションチャンネルを設けるなど、多様な活動で訪問者の参加を促した。個人ブログや祈祷室の開設など、訪問者のニーズに応えるようなシステムで運用した。

(12) 二〇〇四年に登場した I-Church は、イギリスのオックスフォード教区がウェブ牧師を任命したことから始まる。I-

Church の主な宣教対象は、①教会への出席が難しい人びと、②礼拝共同体を見つけられなかった人びと、③旅行や仕事などで教会への出席が難しい人びと、である。共同体はより小さなグループに分化し、各グループには担当牧師を割り振り、約七千人のメンバーシップを維持している。

（13）一九九六年、アメリカのとある倉庫で礼拝を始めた LifeChurch.tv は、二〇〇九年に十三のオンラインキャンパスを設け、二〇一六年には二十六に増えた。各オンラインキャンパスには担当牧師と賛美チームを置き、小グループと日曜学校を運用している。LifeChurch は、訪問者に映像やブログを通して継続的に情報を提供するほか、小グループ活動で多くのボランティアがチャットで相談を行うなど、オンライン教会として成功した事例といわれている。

（14）秘跡とは、カトリック教会の用語で、目に見えない神の恵みや教会で執り行われるキリストの神秘を目に見える形で与える特別な儀式（しるし）である。秘跡は、七つ（洗礼、堅信、聖体、ゆるし、病者の塗油、結婚、叙階）ある。

（15）インターネット上に構築された三次元の仮想空間やそのサービスを指す。

（16）『オンヌリ新聞』二〇二一年七月四日、第一三五一号（オンヌリ教会発行）http://news.onnuri.org/upload/pdffiles/10dc786cea1507319641 0b39c2d19dff.pdf（二〇二三年五月六日閲覧）

（17）第二バチカン公会議（一九六二〜一九六五年）は、ローマ教皇ヨハネ二十三世の主導のもとで開会され、後継のパウロ六世によって遂行された公会議である。二十世紀のカトリック教会最大の出来事で現代カトリック教会を方向づけたといわれている［桑原 二〇一八：一七三］。

参考文献

李賢京「韓国人ニューカマーのキリスト教会」三木英・櫻井義秀編著『日本に生きる移民たちの宗教生活――ニューカマーのもたらす宗教多元化』（ミネルヴァ書房、二〇一二年）一九三－二二四頁

李賢京「韓国人ニューカマーとキリスト教会の変容――多文化共生の拠点へ」『現代日本の宗教事情〈国内編Ⅰ〉（いま宗教に向きあう 第一巻）』（岩波書店、二〇一八年）二一五－二三二頁

李賢京「人口減少時代の奄美群島とカトリック――月刊紙『鹿児島カトリック教区報』の分析から」（『東海大学紀要文学部』一一〇、二〇二〇年 a）三五－六四頁

李賢京「感染症のパンデミックと分断の可視化――コロナテスト中の韓国社会と宗教を問う」（『アジア遊学　ポストコロナ時代の東アジア――新しい世界の国家・宗教・日常（コロナ時代にみる東アジアの信仰の姿）』二五三号、勉誠出版、二〇二〇年b）二四四－二五六頁
李賢京・田島忠篤「離島奄美大島における宗教とトランスナショナリズム（特集　宗教と越境）」（『宗教研究』九四－二、二〇二〇年）一六七－一九二頁
稲場圭信「総説　震災復興に宗教は何ができたのか」稲場圭信・黒崎浩行編著『震災復興と宗教』（明石書店、二〇一三年）二〇－四一頁
SW中心社会編集委員会「COVID-19とデジタル転換、二〇二〇年の回顧と二〇二一年の展望」（『月刊SW中心社会（*MONTHLY SOFTWARE ORIENTED SOCIETY*）』七八、二〇二〇年）二六－四七頁（韓国語）
キム・スンファン「デジタル宗教とオンライン教会に関する研究」（『神学と実践』七九、二〇二二年）七五七－七八二頁（韓国語）
キム・ヒョンギョン「ポスト・パンデミック時代の宗教と社会調査研究――現況と課題」（『韓国宗教』五四、二〇二三年）一四七－一七三頁（韓国語）
桑原直己「第二バチカン公会議とイエズス会――社会正義の問題を中心に」（『哲学・思想論集』四三、二〇一八年）一七六（一）－一五六（二一）頁
櫻井義秀・稲場圭信編『社会貢献する宗教』（世界思想社、二〇〇九年）
チョン・ジェヨン「ニューノーマル時代の韓国教会の変化と展望――オンライン共同体を中心に」（『*Asian Journal of Religion and Society*』一一－一、二〇二三年）三九－六九頁
堀江宗正「宗教と感染爆発――通過儀礼としてのパンデミック」（『宗教研究』九五－二、二〇二一年）七五－九八頁
ユ・スンム「COVID-19、宗教、そして「コロナ以降」の社会――宗教を排他した医療社会学的アプローチ」（『仏教と社会（*The Journal of Buddhism and Society*）』一二－一、二〇二〇年）三二－六六頁（韓国語）
Campbell, Heidi A., “Understanding the Relationship between Religion Online and Offline in a Networked Society,” *Journal of the American Academy of Religion*, Volume 80, Issue 1, 2012, pp.64–93.

Campbell, Heidi A. and Stephen Garner, *Networked Theology : Negotiating faith in Digital Culture*, Grand Rapids : Baker Academic, 2016.

Hutchings, Tim, *Creating church online : Ritual, community and new media*, London & New York : Routledge, 2019.

コラム4

函館ラ・サールミッション部の挑戦

韓　徳
函館ラ・サール高等学校教諭

函館ラ・サール高校が設置しているクラブ活動の一つにミッション部があります。キリスト教や聖ラ・サールの思想について学びながら学校生活を送りたいと考える生徒たちが集う部活動です。本校の創立時に設立されました。現部員の多くはキリスト教信者ではありません。また、他の部活動に参加している部員もいて、最近では大学受験の際に有利になる部活動と思っている生徒もいます。そういう彼らの心にも少しでも変化が生まれることを期待しながら歩みつづけてきました。

本校では中学から入学した場合は六年間、高校から入学した場合は三年間で函館を離れる生徒が多く、「そういう彼らに何をしてやれるのか？」と自問し、あるいはカトリックの司教からも「ミッションスクールと教会の関わりを模索するように」と求められて、数年が経過しました。

ミッション部と教会との関係を築くことは一つの挑戦でした。教会にはすでに信者たちの「中高生会」があるのに、非信者が中心となる「中高生会」グループを新たに作る必要はあるのか？という疑問の声も上がる中、敢えて変化することを選びました。それは強い絆で結ばれている信者組織に非信者が入ることは難しい、と私自身が感じていたからです。そこで、若者を教会に招くために新規のグループを作ることにしたのです。二〇一六年には「函館地区中高生会」を発足させました。また、二〇一八年十一月から関わり始めた外国人技能実習生（主にベトナム、フィリピン、スリランカ）の存在は大きく、これを契機に近隣の大学生たちも加わり、若者の九割以上が信者ではないグループとなり「青年交流会」という名称に変更しました。これ以降、現在に至るまで、その若者たちにとって、教会が居場所になっています。

今では、札幌教区函館地区カトリック湯川教会は非信者の高校生、大学生、そして外国人技能実習生たちが教会にきて、自ら課題を見つけ、月に一回行われる会議でビジョンを共有しています。ミッション部員たちのモチベーションを維持するために、様々な働きかけを試みてきました。二〇二一年度－二〇二二年度には新聞社からの取材が三十七回、ＳＮＳの投稿は活動のたびに実施してきました。生徒たちの能動的な行動が社会に向けて発信されることで、自分の発言に責任を持ちはじめるという変化が生まれたことは大きな成果です。

このような変化に至るまでには、教会による理解だけでなく、学校の肯定的姿勢も必要でした。私自身は幾度にもわたる挑戦と失敗を繰り返しましたが、いつの間にか青年交流会メンバーの数は膨れ上がり、コロナ禍の中でも基本姿勢である「困っているメンバーのために」を軸にしながら活動を継続してきました。

この青年交流会には本校の生徒だけでなく、大学生や技能実習生もいます。活動の基本は、「メンバーの声を聴くこと」。コロナ前には「日本語学習会」を開催し、コロナ禍の中で収入が激減したメンバーのために「食料支援」を実施しました。繋がりは繋がりを生み、徐々に新しいメンバーが加わっていくという変化は驚くばかりです。

ここでは国籍も人種も、そして社会的な地位などの差異も問題になりません。人間として向き合う中でそこに魅力が生まれ、「教会に行ったらあの人に会える」「教会に行ってみたい」「教会に一緒に行きましょう」ということに繋がるのだと思っています。

ある司祭が「宗教は百年単位で動いています」とお話になったことを思い出します。この活動が百年の中の一コマであってほしい。次の何か良いものに繋がってほしい。今、青年交流会メンバーは八十人にもなります。もし、その一割の八人にも響けば、それが次の新しい風を吹かせてくれると思っています。

第7章　一つの信仰、三つの言語
――多元社会台湾における世代交代の際の言語、信仰、エスニック・アイデンティティ――

藤野陽平

1　はじめに
――言語とエスニック・アイデンティティ――

言語というものは自分が何人であるのかというエスニック・アイデンティティと直結している。当たり前のことすぎて私を含め、日本のような社会でマジョリティとして生まれ育つと、気がつきにくいことなのかもしれない。本書の読者の多くが日本語母語話者なのだと思うが、生まれ育った日本社会にて日本語で話をしているときに、しみじみと自分が日本人であると思わされるかというとそうではないだろう。

しかし、海外旅行などをしたときに、井の中の蛙であったことを突きつけられる。何をするにもあまり得意ではない外国語でコミュニケーションを取らなくてはならず、意思の疎通とはこれほど大変なものであったのかと思い知らされる。不便だと感じる感情は、ほんの些細な問題に直面したときに、不安へと変わっていく。たとえば、言葉の通じない社会でバスに乗ったときをイメージしてほしい。今ならスマートフォンで自分の居場所と目的地との距離を確認することでその不安は解消されるかもしれないが、ほんの少し前までそういったことはできなかった。電光掲示板などで次の停留所が表示されていても、その文字が読めなければ意味はないし、アナウンスは聞き取れない。

こうした不安のなか、少しでも言葉の通じる人に出会ったとき、なんともいえない安心感が身体を駆け抜けていくのではないだろうか。私も韓国での調査を始めたばかりで、韓国語がまったくわからなかったときには、日系のビジネスホテルチェーンを定宿にしていた。理由は単純なことであり、日本語の通じるスタッフが常駐しているからである。

短期長期にかかわらず留学を経験した人たちであれば、現地で日本人の友人を作り、食事会をするなど日本語での集まりに居心地の良さを感じたことがあるという人も少なくないだろう。異なるエスニシティを持つ人びとと触れ合うとき、言語とは自分が何人であるのかを強烈に突きつけてくる。

エスニック・アイデンティティやナショナル・アイデンティティを刺激するものはなにも政治やイデオロギー、プロパガンダといったものだけではなく、印刷技術や地図、博物館といった身近なものを通じても醸成されるということは、ベネディクト・アンダーソンが提出した『想像の共同体』の議論以降では常識［アンダーソン 一九九七］となっているだろう。そうしたソフトなアイデンティティ構築の要素として言語は重要な位置を占めている。

後述するが、本章で紹介する台湾は多民族、多言語の社会である。一つの家庭のなかでも複数の言語が用いられることはごく自然なことだし、親子で母語が異なるということも、祖父母と孫とで会話が通じないということもありえる。この島では日常生活のなかで、頻繁に自分のエスニシティを認識させられ、相手がどんなエスニシティであるのかを意識しながら会話せざるを得ない。

台湾のエスニシティに関連する問題は政治の世界だけではなく、生活のありとあらゆる局面に影響を及ぼし、宗教も例外ではない。どのエスニシティに属し、何語を使うのかといったことが信仰の問題にも直結している。ここでは言語とエスニック・アイデンティティが信仰継承にどのような影響を与えるのかということを考えてみたい。

これに加えて状況をより複雑にしているのは、台湾という場所が様々な外来者による統治を受けた重層的な植民経験を有する場所だということである。これが何を意味するのかといえば、日本統治期に（一九〇五－四五年）教育を受けた場合は日本語が共通語であるが、一九四五年以降の戦後に教育を受けた人にとってはそれが中国語になるというように、生まれた時期によって言語に対する接し方が異なるということである。エスニシティと植民地経験という二つの要素によって言語の状況が揺さぶられ、歴史変遷を経たのち今の台湾社会が成立している。

2　重層的な植民経験を有する台湾社会における言語とエスニック・アイデンティティ

今日では原住民と呼ばれるオーストロネシア系の人びとが暮らしていたこの台湾という島に中国の福建や広東から人びとが移住するようになって、四百年ほどの時間が経つ。この間にこの島には、オランダ、スペイン、鄭氏政権、清朝、日本、中華民国、そして新移民と実に多くの人びとがやってきた。こうした波状の人の移動を通じて、台湾という島国は多民族によって構成される実にカラフルな場所になっている。多民族ということは多言語でもあるということであり、ここでは多くの言語が一つの場所で使われることが珍しくない。台湾を旅行したことがある人であれば、地下鉄のアナウンスが中国語、台湾語、客家語、英語等の言語でされることに気がついた人もいるだろう。外国人観光客の増加に伴い、日本でも近年は英語に加えて中国語、韓国語などのアナウンスや表示が見られるようになってきたが、台湾では英語以外の中国語、台湾語、客家語は外国人向けではなく国内の住民に向けたアナウンスなのである。

従来の分類では台湾にはホーロー人（七三・三％）、客家（一二％）、外省人（一三％）、原住民（一・七％）からなる「四大族群《よんだいぞくぐん》」と呼ばれるサブエスニックグループがあるとされている［若林 二〇〇一：三〇―三二］。ホーロー人とは福建省南部から移住した人びとの子孫で最大のマジョリティである。客家人は中国の福建省・広東省のあたりに暮らすグループで台湾へは主に広東省から移住した。原住民は現在十六民族が政府の認定を受けている。外省人は戦後に国共内戦のため国民党と共に台湾に移住した人びとである。これに加えて近年では労働者や国際結婚などで主に東南アジアから移住する人（二〇一八年十月現在で五四万人、原住民が五六万であり、同水準となる）が増え五大族群と呼ぶべきだという指摘もあるし［横田 二〇一六］、戦後も台湾で暮らしつづけた残留日本人女性たちも暮らしている［藤野 二〇一六b、二〇一七b］。

アジアで最も早い同性婚の合法化（二〇一九年）に見られるように、今日の台湾社会は出自の異なる人びとが、ストレスなく共に暮らすことができる多元的な社会を目指しており、多くの国家にとって模範となるといえるが、それは二十一世紀に入ってからのことであって、エスニシティの異なる人びとが同じ場所で暮らすということはそれほど簡単なことではない。

十七世紀以降の漢民族の移住に伴い、それまで平地でも暮らしていた原住民は土地を奪われ山地へと追いやられたし、移住した漢民族の間にも「分類械闘《ぶんるいかいとう》」と呼ばれる小競り合いが絶えなかったし、西洋列強による近代化はアロー戦争後の天津条約（一八五八年）を契機としていたし、日本統治期には内地人と呼ばれた日本人と本島人と呼ばれた台湾人との間に明確な差別が存在した。新たな人が移住することとは、植民、侵略と結びついており、この麗しの島に多くの困難を強いてきた。ここで主題となる言語の問題でいえば、日本統治期には皇民化政策のもと日本語の使用が強要された。

この島の歴史を振り返ると最も深い歴史的トラウマを与えたのは戦後から一九四九年の中華民国の台湾への移動と、その後の中華民国国民党による独裁政治と国家暴力だろう。一九四七年に二二八事件が発生し（戦後の中国大陸からの移ってきた外省人の流入によって、役職の外省人の独占、賄賂の横行、ハイパーインフレなどによって不満が高まっていたところに発生した、本省人による反乱。その後、国民党軍による過酷な取り締まりが行われ数万人の市民が犠牲となった）、一九四九年に敷かれた戒厳令により一九八七年に解除されるまで国民の自由や人権は著しく制限された。当時は密告が奨励され、多くの無辜《むこ》の市民が捕らえられ、最悪死刑に処された。命を奪われなかったとしても、長期にわたり収監されることも少なくなかった(1)。

こうした一党独裁政権による白色テロに反対し、民主化運動が起きるのは一九七〇年代からであり、一九七九年に発生する美麗島事件が分水嶺となり、それ以降民主化が加速した。この時代に運動に関わった人びとを国民党の外の人たちという意味で「党外」と呼んでいたが、この党外を中心に後の民進党が結党されていく。

さらに一九八七年に戒厳令が解除され、一九八八年に蒋経国総統の死去に伴い、本省人と呼ばれる台湾出身の李登輝が総統に就任、一九九六年には初めての直接選挙による総統選挙が行われ、二〇〇〇年には民進党の陳水扁政権が成立する。

こうした歴史的展開を受けて、しばらく「省籍矛盾」と呼ばれる外省人とホーロー人との間のコンフリクトが生じた。ステレオタイプ的かもしれないが、外省人は自らを中国人であると考え、中国語を使い、国民党を支持し、台湾は中国の一部分であると考える人が多かった。一方でホーロー人は自らを台湾人であると考え、台湾語を使い、民進党を支持し、台湾は独立した国家であると考える人が多かった。そして両者の間にはどうしようもないほどの溝が存在していた。

このように民主化を経て日本統治期の日本語や、戒厳令下の中国語のような「国語」の強要から解放された台湾ではあるが、近年はまた別の状況が生じている。それは「天然独」と呼ばれる世代が台頭してきているということである。天然独とは一九八七年以降に生まれた世代を指し示す言葉で、文字通り、生まれたときには台湾は独立した状態だった世代ということである。天然独にとってナショナル・アイデンティティは中国人であると思っている人はごく少数で、台湾人であると思っている人が大多数である。それもそのはずで、戦前生まれの世代からすれば、孫、曾孫の世代にあたり、自分たちの住んでいる国が中華人民共和国と同じと思うというほうが現実離れしている。

天然独より年上の世代にとって本省人であるのか外省人なのかといったエスニシティの大問題は天然独にとって意味合いが変わっている。上の世代では自らを中国人と考える人が多かった外省人の家庭に生まれ育っても、自らを中国人ではなく台湾人であると考える人が増加しているのだ。

本省人家庭においても変化が見られ、それ以前の台湾アイデンティティが強い人びとからすればアイデンティティの根幹ともいえる台湾語の位置づけが変化している。天然独にとって子どものころから主として使用している言語は中国語であって、台湾語は上の世代の台湾語を使う人と会話するときに使用するもので、同世代やそれ以下の人びとと話すときには中国語を使用する。たとえ本省人の家庭に生まれ、台湾アイデンティティを強く持つ人であっても、中国語が母語という状況が広がりを見せている。

従来こうした若者でも中国語を使用するという傾向は台北など都市部で顕著であった。私が台湾での長期フィールドワークを行ったのは二〇〇五年から二〇〇七年で、南部台南市に滞在していたが、この時期は家庭内では台湾語を使うことが多かった。しかし、本稿を執筆している二〇二〇年代の現状では子どもたちは基本的に中国語で会話し、両親とも中国語を使う。台湾語を得意とする祖父母は孫に台湾語で話かけ、孫たちはそれを理解するが返答は中国語であったりする。

天然独はナショナル・アイデンティティも上の世代と比較して歪である。上述のように彼（女）らは自らを台湾人であると思っていることが多いので、あなたは何人かと聞かれれば台湾人と答える。しかし、国の正式名称が「中華民国（台湾）」といわれても違和感がないようだ。この中華民国（台湾）という名称は陳水扁政権期の二〇〇五年に導入されたもので、従来の「中華民国」であり、それは台湾のことであるという実に玉虫色の名称である。その国旗、青天白日満地紅旗の立ち位置も微妙である。この旗は中華民国の国旗でありながら、「中華民国」＝「国民党」という時代が長かったため、国民党の旗というイメージが強い[2]。

図１　台湾国旗シール

このことを明確に示すのが、選挙のときであろう。国民党の支持者らはこの国旗を掲げるが、民進党の支持者らはこの旗を使わない。国旗でありながら国民全体のシンボルではなく、国民党のシンボルとして理解されてきた。しかし、近年ではこの旗が台湾の国旗として認識され始めている。写真は台湾の土産物店で販売されていたシールである（図１）。ここでは青天白日満地紅旗が台湾国旗とされている。本省人と外省人という枠組みでコンフリクトのあった世代からすれば、これはあり得ないことである。自分たちは中国人ではなく台湾人であるというアイデンティティの獲得のため、民主化運動に心血を注いできた人たちからすれば、その旗のもと自由が制限され同志たちが被害に遭ってきたわけであり、それを自分たちのシンボルと言われることに拒絶感がある。逆に台湾は中国の一部分であり、自分は中国人であると思ってきた世代にとっては、この旗はあくまでも中華民国、国民党のものなのであって、決して台湾の国旗ではない。そもそも台湾は国ではないので、国旗などありようもないということになる。

エスニシティが揺らぎ、台湾アイデンティティ、中国語を使い、中華民国（台湾）の国民であるというような天然独と呼ばれる世代は、もはや三十代になっており、今後、ますますこうした傾向は強まっていくのだろう。

3　台湾で日本語を継承する

それでは、世代が交代していくなかで、使用言語に重要な意味がある教会が、言語の維持のためにどのように対応しているのか紹介していきたい。まず考えてみたいのは日本語族と呼ばれる日本統治期に教育を受け今なお日本語が流暢な人びとが作った教会とその教会の継承の問題である。ここでは台北市内の台湾基督長老教会の国際日語教会という日本語を使う教会を例としたい。世界中の大都市には大抵日本語による教会や礼拝が存在する。多くの場合その対象は在留邦人や国際結婚をした日本人と現地人のカップル、日本留学などをして日本語が使える現地人であるが、この教会はそれらに加えて戦前に日本語教育を受けた世代の台湾人や残留日本人女性（以下、日本人妻）たちの場でもあるという点で特徴がある。

私がこの教会でエスノグラフィ調査を始めた二〇一〇年ごろには日本語族、日本人妻に加えて、台湾で働く日系企業の駐在員、現地採用の日本人、日本人留学生、日本に留学経験のある台湾人、戦後に台湾人と結婚した日本人（日本人男性・台湾人女性のカップルが多い）などが集う場所となっていた。礼拝以外にも教会学校、食事会、祈祷会、日本語教室などと様々な活動を活発に行っていた。

本教会の歴史についてはすでにまとめたものがあるので［藤野 二〇一五］、詳細はそちらに譲りここでは簡単に振り返るにとどめるが、本教会の前身である国際伝道会設立が設立されたのは一九七二年三月のことである。当時は国連の代表権が中華民国から中華人民共和国へと移行する時期で、台湾中がパニックに陥っていた時期である。教会としてもキリスト教ネットワークを利用して国際的なつながりを維持・構築しようという機運が生まれ、この伝道会が作られる。当時の台湾の長老教会のなかで日本語リテラシーの高い牧師や信徒が多かったため、国際的なつながりという意味で一九七三年十月に日本語礼拝を行うようになる。ここに集まるようになったのが、日本語族台湾人と日本人妻たちである。

こうした歴史背景を有する日語教会であるが、日本語にこだわり続けた場合、そのうちに日本人妻も日本語族もいなくなってしまい、台湾人を後継者にすることができないという宿命がある。信仰を継承していくには、日本語にこだわらず中国語と台湾語などを併用して台湾人の信徒へと継承するか、日本語の使用を継続し、在台日本人や日本語のできる台湾人を対象とするという主に二つの選択肢があるだろう。

この決定に関して、日語教会に通っていた記者によるブログの記事によると、「今後日本語教会を担っていくのは日本人だ、日本人に託そう、と日本人駐在員が多く住む「天母」に、皆の献金で新たに日本語教会設立を決定」したのだという本教会を長年リードしてきた長老の言葉を紹介している［Taipei navi 2008］。日語教会が継承相手として選んだのは後者であり、主たる対象は日本人駐在員ということになる。そこで、台北市の天母という地域に教会を作っていく。天母は台北郊外で、各国の大使館、インターナショナルスクールや日本人学校、デパートなどが集まる地域で、駐在員が多く暮らしている場所である。同ブログでは日語教会が天母に会堂を作り、日本人を継承相手として選んだことについて「それは「日本語を使って歩んできた人生・日本人として育ったアイデンティティを、日本語の礼拝という形で、「日本語を母語とする人々＝日本人」につないでいきたい」という熱い思いだったから」と日本人であり日本語を使うというアイデンティティが関係しているのだと指摘している。自らの日本語が母語というアイデンティティによって、信仰の継承対象を台湾人ではなく、日本人とした。

一方で天母は台北駅からバスで三十分以上かかり交通の便が良くない。加えてエレベーターの無い建物の二階に位置しており、日本人妻や日本語族が高齢化するに伴い、不便であるという声が強くなる。そこで、私が調査を始めた二〇一〇年代には台北駅からすぐ近くでエレベーターもある台湾基督長老教会の城中教会も会場としていた。そこで日曜日には午前十時から天母会堂で日本人の駐在員や現地採用の人が多く集まる礼拝を行い、午後二時から城中会堂で日本人妻、日本語族を中心とした礼拝を行っていた。

こうした二礼拝二会堂という体制は時代とともに様々な困難に直面する。たとえば二〇一〇年代には、中国の経済発展により大手企業が台湾から中国へと海外拠点を移した時期がある。この時期には在台日本人駐在員の数が激減し、駐在員として派遣されても家族を日本に置いて単身赴任という人が増える。それに呼応して、天母会堂の参加者で天母に暮らしているという人も減少する。加えて在台邦人にも変化が見られ、現地採用の社会人や、台湾人と結婚した日本人などが増加していく。当然こういった人びとは地価の高い天母に暮らすということは稀である。天母は交通の便が良くないので、天母以外に暮らす信徒にとっては便利な場所ではない。こうなると天母会堂の存在意義というものがなくなってしまう。そこで二〇一〇年六月から、月に二回、天母での礼拝を取りやめ城中教会で合同礼拝が行われるようになる。この合同礼拝開始の前に城中教会で高齢の参加者が倒れたという出来事があり、脱天母会堂の動きを決定的になる。高齢者と若者とが別々の集会に集まっていたために、緊急の事態に高齢者だけで対応せざるをえず安全上も放置できない状況となっていた。こうした経緯があり、二〇一九年六月から日曜日の礼拝を天母では取りやめて、午後の城中での礼拝に一本化する。つまり、当初の思惑である日本人駐在員の家族をターゲットとした信仰継承の方向転換が行われたことになる。

信仰継承対象のシフトはさらに加速する。それはそれまで行われていた教会学校の終了という出来事である。

これも駐在員家族の不在が原因なのであるが、日語教会の教会学校の参加者は日本留学をしたりして日本語を使いたかったり、学びたかったりする台湾人の子どもがほぼ全員を占めていたということによる。もしくは国際結婚をした日本人の子どもの場合、現地の学校に通っているために、中国語に不自由はない。そうなると教会学校の参加者である子どもたちは中国語で会話をしたり、日本語をまったく理解しなかったりする。そもそも彼(女)らにしてみれば、日本語を使いたいのは親だけで、あえて自分から日本語を学ぼうという意識すらないのだ。となると日本語を使う教会として次世代の育成を行う教会学校の意義にそぐわない形となってしまっていた。そのために教会学校も閉校するということになる。

こうして日曜日の礼拝も教会学校も行わなくなり、天母会堂は火曜日の聖書研究で使うだけという状態になってしまう。そこで日語教会としては天母会堂を地域の人に利用してもらう施設とすることにする。あわせてそれまで教会近くに別途借りていた牧師の住宅も引き払い、牧師の住宅と一つの施設としてリフォームすることにする。以前は照明の関係で薄暗い印象のあった天母会堂であったが、明るい印象となり、聖壇も取り払うことでフラットな空間へと生まれ変わった。

ちょうどそのころ、李登輝前大統領が死去した(二〇二〇年)。李登輝はクリスチャンで、日本通でもあったため、追悼式に日本人女性たちのコーラスへオファーがかかる。しかし、メンバーの多くが国際結婚で家庭がある人が多く、夜の活動が困難であり、断らざるを得なかった。しかし、それはあまりにもったいない機会だということで、在台日本人ソプラノ歌手の指導のもと、有志で参加することにし、そのための練習を開始した。

最初は少人数であったこのコーラスも徐々に参加者が増え、そのソプラノ歌手の自宅では手狭になってきた。そこで日語教会にはピアノもあるため練習場所として利用できないかとの打診を受け、快諾する。本教会のうすきみどり牧師もメンバーに加わり、ここに天母に住む日本人女性たちと日語教会の交流が始まる。メンバーたちにとってもリフォームが済んだばかりの天母会堂は雰囲気もよく、好評であったという。

最初はコーラスだけだった地域への開放も、徐々に評判が広がり、料理教室やパン教室などとしても利用されるようになり、その参加者のなかからクリスチャンになるという人も現れる。

さらに事態は展開する。天母会堂に集まるようになった日本人女性たちのなかから、せっかく教会なのだから、心の教育の場所として教会学校のようなものはないのかという問い合わせがあり、残念ながらやめてしまったということを伝えると、それはもったいないので是非再開してほしいという要望が寄せられる。二〇二三年三月時点では月に一度土曜日の午後に教会学校を行っている。とても盛り上がっていて、終了後も茶話会のようになり、遅い人は夜の七時くらいまで残っているという。

こうしていったんは天母で日本人駐在員を継承者とする当初の思惑は、方針の修正を迫られたが、逆にそのことによって天母の日本人女性を集めるという結果となっている。方針の修正をした際には日本人と台湾人が共有する場にしようと考えていたのだが、日本人女性たちからすれば、日常生活のありとあらゆる局面が台湾人との空間である。むしろ彼女たちが求めていたのは同じような境遇である日本人女性だけの空間であった。異国にて国際結婚で台湾に暮らすようになった場合、文化や考え方の違いは一つずつは小さなものであっても、積もり積もればそのストレスは大きなものとなる。彼女たちにとって日本人女性だけで、日本語でじっくり語り合える場所を求めておりそれに応じるということが二〇二三年時点での日語教会の継承相手ということのようだ。

4　台湾アイデンティティの継承と言語の断絶と

前節では戦前に教育を受け日本語が母語という世代からその次の世代への信仰継承の際に、言語を優先させ日本人をその対象としていったという例を紹介したが、本節で考えたいのは台湾語を母語として使用する世代から、中国語が母語である天然独世代への信仰継承の問題である。対象とするのは台湾のプロテスタント教会のなかで最も台湾アイデンティティを重視してきた長老教会の動きである。長老教会は台湾で最も古いプロテスタント教会であり、教会数、信者数などで最大のプロテスタントの教派である。

一八六五年に台湾の南部にてイギリス長老教会が、一八七一年に北部にてカナダ長老教会が宣教を始めた。当初から台湾語での宣教に力を入れ、聖書の台湾語への翻訳も初期の宣教師で台南神学院の初代校長でもあるトマス・バークレイが手がけ新約聖書は一九一六年に、旧約聖書は一九三〇年に完成させている。日本統治期の台湾では多くの教派が日本語を用いて在台日本人向けに宣教をしていたが、長老教会、ホーリネス教会（聖教会）、真イエス教会（真耶穌教會）の三教派が台湾語を用いて台湾人向けの宣教を行っていた。戦後は日本人向けの教派が引き揚げたのと入れ替わるように、中国大陸から外省人と共に渡ってきた教派が台湾に流入した。この際に流入した教派は中国語を使ったので、国語教会と呼ばれ、台湾語を使う教会は台湾語教会と呼ばれるようになる。当初は単に言語の違いを表していたのだが、二二八事件の際にも台湾大学の林茂生、医師張七郎ら長老教会関係者が多く被害に遭ったため、徐々に本省人と外省人間のコンフリクトである「省籍矛盾」を反映していく。言語の問題としては戦前に帝国日本が日本語を強要したのと同様に、国民党という新しい台湾島の支配者も公共の場での「国語」の使用を強要する。

一方で国民党は共産党との対決のなかで「自由中国」を謳っていたために、政治に関わらない限り一定の信教の自由を与えていた。今日では強い台湾アイデンティティを有する長老教会も当時は特段政治活動を行っていない。というよりそのようなことができる雰囲気ではなかった。

変化が生じたのが一九七〇年代である。この時期に長老教会は「国是声明」（一九七一年）、「我々の呼びかけ」

（一九七五年）、「人権宣言」（一九七七年）という三つの宣言を発表する。そして一九七九年十二月に発生した美麗島事件にも長老教会関係者が多く関与し、当時総幹事であった高俊明牧師が逮捕されたり、林家事件の現場となった林義雄弁護士の自宅を長老教会が買取り義光教会としたりするなど、長老教会の政治的なスタンスが明確になっていった。長老教会と民主化運動や政治的な活動はすでに記したもの〔藤野 二〇一六a、二〇一七a、二〇二〇等〕があるので、詳細はそちらを参照いただきたいが、この時代以降の民主化運動や台湾の民族運動においては中国語を極力使用せず台湾語を使用するということが広がっていった。

そのようにして主に長老教会が該当する台湾語教会は、台湾アイデンティティが強く、台湾語を重視し、本省人が多く、民進党を支持する。長老教会以外の大多数のプロテスタント教会からなる国語教会は中国アイデンティティが強く、中国語を使用し、外省人が多いという言語とナショナル・アイデンティティが結びついた教団の棲み分けが形成されていく。

こうした台湾アイデンティティを実現していく運動において台湾語が重要視されていたのだが、この状況は上述の天然独の登場によって徐々に台湾語から中国語の使用の割合が高まっていくという現象が生じている。

具体的な例を挙げるとすると二〇〇〇－二〇〇八年に大統領を務めた陳水扁は演説中に主に台湾語を使用していたのだが、二〇一六年から本稿の執筆時の二〇二三年に大統領を務めている蔡英文は中国語をメインとして演説を行う。

私の経験でいえば二〇〇〇年代に台湾アイデンティティの強いグループで参与観察を行う場合、あまり喋れなくてもフレーズだけでも台湾語を使うことが歓迎されたのだが、今日そうした集まりに参加して、一九七八年生まれの私より年下の世代に台湾語で話しかけても、「私は台湾語ができないです」と申し訳なさそうに話す人が増えている。

こうした言語とアイデンティティの変動のうねりのなかにあって、母語の座を奪われつつある台湾語と、台湾語重視をしてきた教会の信仰継承が問題となっている。台湾アイデンティティを強く主張する長老教会にとって台湾語を使用することは、その教団としてのアイデンティティとなっていたのだが、台湾語ができない若者が台頭してきている現在、現実問題として中国語を使用した礼拝を行わざるを得なくなっている。

そういう事情を反映して今日多くの長老教会で台湾語礼拝に加えて中国語で行われる「華語礼拝」（華語とは中国語のこと）が導入されている。私が長期のフィールドワークを行った二〇〇五-二〇〇七年の時点にも行われていたのだが、当時は「台湾語の不自由な人に対する補助的な礼拝という位置付けで、正式な礼拝は台湾語やその土地の現地語での礼拝であるという意識がある」［藤野 二〇一三：二四五］という程度の存在で重要視されていなかった。しかし、それから十五年ほど経った二〇二三年にはその重要性が大幅に増している。たとえば二〇二三年二月二十六日における礼拝の参加者数であるが、済南教会では台湾語礼拝が二一三名、華語礼拝は四十四名で、淡水教会では台湾語礼拝が二〇九名、華語礼拝は七十二名であった。このように、二〇二三年の段階では、まだまだ台湾語礼拝への参加者が多く、そちらが中心でないものの、二十年ほど前には補助的な存在だったが、今は違う。そして、将来は徐々に華語礼拝の割合が増えていくと見込まれる。

台湾語礼拝と華語礼拝は単に言語が異なるというだけではなく、台湾語礼拝は伝統的な式次第に基づいて執り行われるが、華語礼拝は現代キリスト教音楽を取り入れ、楽器もドラムやギター、シンセサイザーなどを使用するプレイズアンドワーシップのスタイルをとっている。前者は静かに祈る雰囲気に対して、後者は熱烈に祈る雰囲気といったら伝わりやすいだろうか。こうしたスタイルの違いによっても前者は上の世代、後者は下の世代という分断の傾向を強めている。現状ではまだ台湾語が主で、あくまで華語礼拝は従の関係であるが、今後華語礼拝の割合が増えていくことが見込まれる状況で、信仰継承といった側面において何が起きていくのだろうか。

5　民族主義から民主主義という普遍的な価値へ

このように国民党の一党独裁に対する対抗としての台湾の民主化運動とそれと連動する台湾語を重視することによる台湾民族主義であったが、中国語使用の広がりによってその構造に歪みが入り始めている。今後台湾アイデンティティを強く持つ教会はどのように信仰継承を行っていくのだろうか。それを考えるキーワードの一つが、現在民進党政権が進める民主主義や人権といった普遍的な価値観の強調であろう。

先ほど二〇〇〇－二〇〇八年の陳水扁と二〇一六年以降の蔡英文では使用する言語に変化が見られることを指摘したが、政策においても同様であり、陳水扁政権時代には、国内の中国や中華といった名前が付けられたものを台湾へと変更する「正名運動《せいめいうんどう》」や、台湾名義での国連加盟を目指すといった台湾アイデンティティを強調したナショナリズムを前面におしだした政策が広くとられた。蔡英文政権時代にはそういった政策は減少し、むしろ中国との関係で自由や人権を主張するという傾向が見られる。二〇一六年の選挙には二〇一四年のひまわり学生運動が、二〇二〇年の選挙には香港の雨傘革命が民進党や蔡英文に有利な追い風となったことに典型的に表れるだろう。

以下二つの例を紹介する。第一は二〇一四年十二月二十一日に設立された太陽花青年福音団というグループについてである。(3) ひまわりを意味する「太陽花」という名に見られるようにこのグループはひまわり学生運動に参加したキリスト教徒たちが、デモの終了後にも社会問題を考え、運動を続けたいと結成されたもので、私が調査した際には建設中の台北ドームすぐ横の街路樹の下にテントを張ってそこで集会を行っていた。これは大資本による建設のために一方的に街路樹が切られてしまうことに反対するグループと連帯した行動をとるためにここで開かれているのだという。

そしてここでの使用言語は中国語である。若手の参加者が多いというのもあるのだが、集まるのは長老教会の信徒が多く、説教は長老教会の牧師が担当していたものの、それ以外の中国語を使う教派の若者も加わっている。それまで社会運動に関心があっても中国語を使う教派に参加している場合にはキリスト教徒として運動に参加する機会がなかったのだが、このような場を通じて彼（女）らに社会運動をするキリスト教徒という選択肢が提供された。これは長老教会の若手信者獲得にも間接的に影響があるだろう。従来の台湾語の使用を前提とする台湾アイデンティティから、対中国という点で中国語を用いた民主主義重視へのシフトチェンジが起きている。

第二に紹介したいのは雨傘革命、香港デモなどによって生じた、台湾に亡命した香港人の受け入れの問題である。この時代、台湾へと移住した香港人は少なくないが、当初、台湾側も積極的にこれを受け入れた。二〇二〇年の大統領選挙では「今日香港、明日台湾」、「光復香港」、「時代革命」という香港で掲げられたスローガンが台湾でも広く見られ、蔡英文氏の再戦に強い追い風となった。

この際に香港人の受け入れに積極的に動いたのが、長老教会の済南教会とその牧師黄春生である。多くの支援物資を香港に送り、キリスト教徒である無しに関わらず、多くの香港人が済南教会を訪れ、支援を受けた。その後、済南教会にて香港人が集まる広東語の礼拝が行われるようになり、そのグループが独立して淡水香港教会も設立されている。こうした台湾香港間の交流では必然的に中国語が使用される。長老教会が台湾アイデンティティから普遍的な民主主義の実現への緩やかなシフトを行うなかで、香港との連帯では台湾語や広東語という自分たちのアイデンティティと直結した言語ではなく、むしろ対抗すべき中国の言語を使わざるを得ないという錯綜した現象が起きている。しかし、台湾の外では一部の華人社会を除いて福建省の一部でしか通用しない台湾語よりも、中国人はもちろん、香港、マカオ、世界の華人社会で通用する中国語のほうがインターナショナルな連帯という意味で有利であることはいうまでもない。

台湾アイデンティティの重視から民主主義の重視へと方向修正をする台湾社会のなかで、台湾アイデンティティを重要視してきた（≒台湾語重視）長老教会の信仰継承（≒中国語の併用）と政治性の問題に加えて、天然独世代の台湾語リテラシー不足とがリンクしている。

6 おわりに

今日の多元的な社会を目指す台湾であるが、様々なエスニシティの人びとが共に暮らすために、共通語が必要となり、今後ますます中国語が優位な言語という趨勢は強化されるだろう。そうした誰もが利用可能な言語である中国語を通じて多元的な台湾の模索が続いていくことになりそうだ。

一方で、本章で確認したように日本語世代にとって日本語が、民主化運動を行った世代にとって台湾語が持っていた位置づけから考えると、単に共通語としてのリンガフランカであるから中国語一辺倒ということにはならないだろう。逆説的ではあるが、みんなのものである言語としての中国語は誰のものでもない言語でもあり得る。

最後に触れておきたいのは台湾へと移住した香港人のための広東語礼拝と台湾人信者との関係である。二〇二〇年の大統領選挙前後の際に積極的に香港人を受け入れた台湾社会であったが、新型コロナウイルスの感染がひと段落した二〇二三年三月に台湾を三年ぶりに訪問してみると状況は一変していた。長老教会の済南教会や淡水教会で広東語の礼拝が行われていたものの、そこに集まるのは香港人だけで、台湾人信者とは別のコミュニティができあがっていた。

台湾人側、香港人側の双方に話を聞いてみると、これには複雑な要因があるようだが、やはり言語の問題も無視できない。シンプルな問題であるが、異国である台湾にある香港人にとっては広東語のニーズが強く、広東語礼拝に参加する。しかし、それでは言語が理解できない台湾人信徒が参加できない。中国語が両者の間の共通言語だったとしても、中国語の礼拝であれば近所でも開かれており、わざわざ済南教会や淡水教会まで赴く必要はない。共通の信仰を持ち、中国に対して民主主義で対抗するという問題意識も共有する両者ではあるが、アイデンティティの根幹である言語という点ですれ違いが生じている。

台湾語をメインとした民族主義から中国語を通じた民主主義へというシフトに迫られる台湾の長老教会である。しかし、単に意思疎通が取れるというレベルで言語を扱えばコミュニティの形成を達成することができず、信仰継承もうまくいかない。今後も言語を通じたエスニック・アイデンティティと信仰の問題は繰り返されるだろう。一方で、中国という無関係ではいられない巨大な隣人との関係を視野に入れつつ、自由や人権、民主主義といった普遍的な価値を国際社会へ訴える必要がある以上、台湾語など中国語以外の言語に固執するわけにもいかない。今後も、多元的なアイデンティティを重視しつつ、普遍的な訴えをするという矛盾した二つの至上命題を抱える現代の台湾社会という特殊性を反映しながら、台湾の宗教界での信仰の継承が行われていくのだろう。

(1) こうした国家暴力の被害者蔡焜霖さんの半生を描いた漫画『台湾の少年』(游珮芸・周見信著、倉本知明訳、岩波書店、全四巻)が二〇二二年に日本語訳されて刊行された。ぜひお読みいただきたい。

(2) 実際には中華民国の国旗は青天白日満地紅旗で、国民党の党旗は青天白日旗であるので、微妙に異なるのだが、台湾社会において両者の持つ意味合いはほぼ同じであり、中華民国=国民党としてのイメージと強く結びついている。

(3) このグループについてはすでに藤野[二〇一六a、二〇一七a]で報告しているため、詳細についてはそちらを参照いただきたい。

参考文献

アンダーソン、ベネディクト『想像の共同体——ナショナリズムの起源と流行』白石さや・白石隆訳（NTT出版、一九九七年）

潘稀祺『為愛航向福爾摩沙：巴克禮博士傳』（人光出版社、二〇〇三年）

藤野陽平『台湾における民衆キリスト教の人類学——社会的文脈と癒しの実践』（風響社、二〇一三年）

藤野陽平「旧植民地にて日本語で礼拝する——台湾基督長老教会国際日語教会の事例から」鈴木正崇編『森羅万象のささやき——民俗宗教研究の諸相』（風響社、二〇一五年）

藤野陽平「現代台湾の民主化運動と台湾語教会——ひまわり学生運動から総統選挙まで」『宗教と現代がわかる本２０１６』（平凡社、二〇一六年a）

藤野陽平「台湾における「日本語」によるキリスト教的高齢者ケア——社団法人台北市松年福祉会「玉蘭荘」の機関誌分析より」三尾裕子他編『帝国日本の記憶——台湾・旧南洋群島における外来政権の重層化と脱植民地化』（慶應義塾大学出版会、二〇一六年b）

藤野陽平「台湾の政教関係にとっての台湾語教会という存在——長老教会と台湾独立派の友好関係」櫻井義秀編著『現代中国の宗教変動とアジアのキリスト教』（北海道大学出版会、二〇一七年a）

藤野陽平「日本人妻と日本語族を日本語でつなぐ——台北のキリスト教系デイケアセンター玉蘭荘の事例から」浜井祐三子編『想起と忘却のかたち——記憶のメディア文化研究』（三元社、二〇一七年b）

藤野陽平「戦後台湾の民主化運動における長老教会——三つの宣言と美麗島事件にあらわれた政教関係」櫻井義秀編『アジアの公共宗教——ポスト社会主義国家の政教関係』（北海道大学出版会、二〇二〇年）

横田祥子「東南アジア系台湾人の誕生——五大エスニックグループ時代の台湾人像」（『アジア遊学』二〇四、二〇一六年）

Taipei navi「台湾の人が建てた日本語教会」（二〇〇八年）https://www.taipeinavi.com/special/5004403（二〇二三年三月二十九日閲覧）

コラム5

宗教的「中間集団」の新しい可能性

関西大学兼任講師
アルベルトゥス＝トーマス・モリ

近代社会では、個人と国民国家との関係が基本となる。だが国家が司法と安全保障を独占する一方、その他の役割の一部は様々な組織や集団によって分担される。家族、ギルド、地域の自治会、商店街、企業、法人団体など、それらは個人に帰属先を提供すると同時に、生活や生計などへの規制もする。それら個人と国家を繋げてかつ一定の権力を有するものは、「中間集団」とも呼ばれる。宗教団体もその中の一種である。

ドイツの社会学者のフェルディナント・テンニースは「中間集団」を二種類に分けた。家族、地域、信仰、組合などの集団は人間同士の相互間了解に基づき、構成員を既存の事実としたうえで組織する。企業を代表とする集団は利益・契約関係を基本とするため、集団の目的に合致しない構成員が排除されかねない。また近代化の進展に伴って前者が衰退し、後者が主流になる。

日本では、かつて檀家制度のように、宗教団体が社会的権力の一端として個人を統制しつつ、国家権力とも折衷する事例は少なくないが、明治以来の政府の集権化および社会からの抵抗を経て、やがて一九七〇年代以降、「会社主義」と呼ばれるほどの企業中心の権威的秩序重視の社会が形成されたため、テンニースの推論に呼応するように「中間集団」の役割も企業に集約されるようになった。しかし、筆者が見つけた「CBMC」というプロテスタント系の信者集団は、その推論に逆らうような展開を見せてくれた。

CBMCとは「Connecting Business and the Marketplace to Christ（ビジネスとマーケットプレイスをキリストに）」の略称であり、一九三〇年アメリカで伝道イベントとして発祥し、一九三七年組織化した信者集団である。現在はアメリカをはじめとして、世界中九十か国に約五万人以上のメンバーがいる。主にビジネスマンなど都会で生活する一般人を中心に、各自の所属教会の外で、礼拝以外の様々な信仰関連活動を独自に行う団体である。牧師のような聖職者は逆にオブザーバーにしかなれない。大多数の教会の中に青年会、婦人会、既婚者会など、一般信者同士の交流や連帯を促進させるサブグループがたくさんある。それに比べるとCBMCは、個々の教会の枠に収まらない、一般信者の活動グループのヴァージョンアップと捉えられよう。

日本では、一九七〇年代後半より活動が展開され、東京のほかに前橋、福島、名古屋、大阪、神戸にも支部ができた。それらの支部はおよそ月に一回集会し、短い礼拝または祈りの後、信者同士による分かち合い、運営状況の報告、講演会や勉強会などを行う。例えば東京第一支部では歌手であるメンバーが毎回讃美歌を披露することや、大阪支部では旧約聖書を専門的に勉強したメンバーが歴史的背景や言語学に絡んで解説することなど様々ある。時に支部のないところから参加しに来る人も見られる。他方、二〇〇一年から日本CBMC全体のイベントとして、米英などでよく行われる「国家朝餐祈祷会」を参照して毎年の四月前後に「国家晩餐祈祷会」が開催される。日本のために祈るというテーマのもとで、プロテスタント諸教派の関係者のほかにキリスト者の政治家、キリスト教国の大使、さらにカトリックの司教までもよく参加している。このようなキリスト教会の影響力を高めるためのプラットフォームは、よりネットワーク的な形式で信者を連結させる効果が考えられる。日本CBMCはこれを運営することにより、個々の教会組織のセクト化、信者と社会主流との関係の希薄などの問題を改善しようとしている。

さらに特筆すべきなのは、日本CBMCに関与する外国人移民も少なくない。だいぶ前から支部の活動に参加する外国人または海外ルーツの人はいた。二〇一六年、一部の香港と台湾出身のキリスト者移民は、東京で「日本華人CBMC」という集まりを結成した。メンバーはすでに日本CBMCに在籍する人のほか、三十代中心の参加者も多く動員された。彼らは日本CBMCの支部のように独自に集会を行うが、「国家晩餐祈祷会」などのイベントも積極的に取り込んでいる。筆者の調査では、二人のマレーシア出身の青年が日本CBMCを代表して、羽田空港で韓国と台湾からの来賓を出迎える場面に立ち会ったこともある。元々、日本発祥の宗教に外国人移民が積極的に関与することが稀であり、外国人移民の宗教団体は周辺社会との関係が大抵低調である。それらに対して、日本CBMCは日本社会の主流の外で遊離しかねない外国人移民を統合させる可能性を備えているかもしれない。もちろん、日本CBMCは規模的に大きくなく、その影響力はまだ限られているが、新しい宗教的「中間集団」のあり方を模索・提示している役割があるのは確かである。

終章　宗教と文化政策の諸相

井口　貢

1　文化政策への注目

「文化経済学」という言葉と概念が市民権を得るきっかけとなったのは、日本経済新聞がその紙上で、「文化経済学会（日本）第2回大会」について大きな特集記事を掲載したことが大きかったのではないかと、私見ではあるが考えている。一九九四年（平成六）六月二十六日付の記事がそれである。

倉林義正東洋英和女学院大学教授（当時）、池上淳京都大学教授（当時）が中心となって設立されたこの学会は、その前々年一九九二年（平成四）三月に発足している（初代会長は倉林、二代会長は池上）。京都大学で開催された「第2回大会」では、基調講演に文化人類学者・梅棹忠夫を招き、「文化は私事から国事の時代に入った」と謳いあげた。もちろん梅棹はそれよりも早く、少なくとも一九七〇年代後半には文化行政の必要性を説いていた。

その嚆矢ともいえる象徴的なものが、一九七九年（昭和五十四）十一月に横浜市で開催された「全国文化行政シンポジウム」であり、梅棹はそのとき「文化行政が目指すもの」と題した基調講演を行い、「文化政策をめぐる四つの誤解」について論じている。[1] 少なくとも、ここに参加した自治体の行政担当者には何らかの刺激を与えたことは確かだったに違いない。そしてさらに一九九〇年代に入ると、松下圭一や森啓ら行政学の領域からの、文字通り文化行政に関わる優れた著作が生まれ始めていることは、こうした流れを象徴しているのではないだろうか。

2 文化の両義性と文化政策の所在

梅棹が指摘した「四つの誤解」をここで簡潔に要約しておこう。

①文化は行政になじまないもの、行政は文化に介入すべきではないという誤解。
②文化というのは、一部の高級文化人の仕事であって、国民大衆とはかけ離れたものであるという誤解。
③文化とは、うしろむきのことなのだ、古いものと関係があるのだという誤解。
④文化と教育の混同、文化と教育は同質のもの、あるいは文化を教育の一部と捉えることの誤解。

梅棹の指摘は、その時代の文脈のなかでは確かに示唆深いものは多い。しかし時代は流れる。もちろん変容しない部分もある。それらを踏まえて、再検討しなければならないことが必要である。

「文化」とは何なのか？ もちろん本書の大きなテーマである「宗教」は紛れもなく文化の現象形態の一つであることは、疑う余地はない。類似した概念と思われがちな「文明」との差異はもちろんのこと、「宗教」にも差異は多様に内在するに違いない。そのことを踏まえつつ、宗教と文化政策との関わりやそれらへの関わり方も論じられなければならないだろう。

大上段に構えていうことになるかも知れないが、「文化とは両義的な存在である」ということを忘却してはならないということだ。そしてその両義性はもちろん「宗教」にも「文明」にも内在する。両義性、すなわち両刃の剣であるということである。

ただ、文明の成果を時系列で並べたときにその「優劣」を競い合うことは不可能ではない。

しかし「文化」については、時系列的であろうが横断的であろうがその複数を比較したときに、それらの優劣を論じることは適切ではないし無理な相談といえる。とはいえ、それらの差異を求め認めることはできるし、その作業の忘却はあってはならない。

上述のように「文化政策」が「政策科学」として注視されるようになり、三十年の時を経た。このわずかの時間の流れのなかでも、現実の世界や学問の世界でも「流行や模倣」は跋扈《ばっこ》する。観光の世界における表層的な意味での「京都らしさ」と「日本らしさ」を鼓舞する「小京都論」の流行や、アメリカを中心としたジャーナリスティックともいえるお洒落な「カタカナ語」で覆われた「クリエイティブシティ（創造都市）論」のような、わが国において一種のエピゴーネンにも似た、アメリカジャーナリズムの換骨奪胎化など枚挙にいとまがない。

「小京都論」は、確かにわが国の文化論の一つの形態であるかも知れないが、たとえば米山俊直が主張した「文化の場としての小盆地宇宙[2]」と、観光産業が鼓舞するような「小京都」の横行とは一線を画すべきであろう。

実は、柳田國男はすでに早くから「文化政策」という言葉を使用しながら、現代の風潮をあたかも予測危惧し警鐘を鳴らすような多くの著作を編んできたことをわれわれは忘れてはならない[3]。たとえば「史心」〔『日本の祭』一九四二年〕を忘れ「流行や模倣」で「田舎の行政」〔『時代ト農政』一九一〇年〕を語ろうとする「文化政策」が仮にあったとすれば、「文化」はもちろんのこと「政策」を伝える資格もないのである。

さらに「流行や模倣」という観点でいうと、データサイエンスへの傾倒に偏した視点やチャットGPTなどもまさに、「文化」を忘れた似非ともいえる「文明」的依存に他ならない。

こうした現象は、宗教という文化的所作を考えるときの一助にもなるに違いない。

3　ある寓話から……

寓話ともいえる喩え噺《ばなし》をしたい。われわれの世代が小学校低学年だったころに人気を博していたテレビ番組によるアニメの筆頭に『鉄腕アトム』（手塚治原作）と『鉄人28号』（横山光輝原作）があった。ともにロボットが主人公であるが（このころはAIなどという言葉もなかった）、「アトム」は豊かな喜怒哀楽を持った、自らの意思で語り判断することができる「ヒト擬き」型のロボットであり、いついかなるときも「正義の子」でありわれわれ人間の味方として振る舞ってきた。「絶対善」の申し子であったといえる。一方の「28号」は、金田正太郎少年が操作するリモコン機によって動き、「アトム」のように自在に自らの意思では話すこともできない鋼鉄の存在であった。悪人たちは常に虎視眈々と正太郎少年のリモコン機を狙い奪おうとする。一度これが奪われてしまうと「28号」は正義から悪に転じて人やまちを脅かす存在となってしまう。このアニメの主題歌にこんな一節がある。「あるときは正義の味方　あるときは悪魔の手先　いいも悪いもリモコンしだい　鉄人！　鉄人！どこへゆく……」（作詞・作曲：三木鶏郎）。

自らの意思で人と対峙し対応、そして言葉を育んでいくことができる「アトム」は確かに「文化的存在」といって良いのかも知れないが、「絶対善」を追求しているところに、「文化が有する両義性」すなわち「善と悪、清と濁、聖と俗」を併せ持つ両義性は濃くはない。一方の「28号」は自らの意思は持たないが、誰の指示で動く、あるいは動いてしまうかによって「善」にも「悪」にもなり得るというところに、文化（行政）が有する両義性の一端を垣間見ることができる。

とりわけ「似非」も含めて「宗教」という文化は、まさに「28号」的要素を基調に据えながら、実は「アトム」であること、アトムとなることを他者（あるいは信者）に求め、時として強要することも起こし得る。そんな懸念の歴史が、洋の東西を問わず記されてきたということをわれわれは学んできているはずである。

奇しくもといってよいかどうかはおくとしても、上記の日経記事の翌日にあたる一九九四年六月二十七日に、オウム真理教による「松本サリン事件」が起こっている（当時は、オウム真理教が引き起こしたものであるとは、認識されてはいなかったが）。その翌年の三月二十日には「地下鉄サリン事件」が起こり、それをきっかけとするかのようにして同教団が引き起こした一連の事件の真相が明らかになっていったことについては、今も多くの人びとの記憶に残り、二〇〇〇年（平成十二）二月に国によって解散命令が出たものの、その苦しみを今も背負い続けている人たちは少なくないだろう。

教祖・麻原彰晃は自身が全知全能な「鉄腕アトム」であることを目指し、究極的には「天皇」を相対化することを目指していたのではないだろうか。そして彼は多くの優秀な部下たちを「鉄人28号」のごとく差配し、一般信者や被害にあった人たちを翻弄して「疎外」の奈落に追いやった。このことは、ひとりオウム真理教だけの問題ではない。

二〇二二年（令和四）夏、安倍晋三元総理銃撃殺害事件以降次々と、そして改めて明らかになっていった旧統一教会の問題もまた、「疎外」という観点からいえば同床異夢ならぬ同床同夢なのだといえば、過言だろうか。

4　信仰の自由と文化政策

文化とは自由な時間と空間のなかで育まれなければならない。したがって、文化政策もまたそれは同様でなければならないはずである。「国民の権利及び義務」を規定した日本国憲法第三章は、第十九条において「思想・良心の自由」を、そして続く第二十条では「信教の自由、政教分離」について保障している。それらに先立って、第十二条では「自由及び権利の保持責任と濫用禁止」を表記して「常に公共の福祉のためにこれを利用する責任を負ふ」ことを留保事項として求めている。オウム真理教も旧統一教会の問題も、この「留保事項」に抵触してきたことはいうまでもない。

繰り返しいうが、文化にとってその両義性は不可避である。宗教においてはその色彩は一段と深くなる。戦前の治安維持法や不敬罪等による負の文化政策（文化政策が持つ両義性、「いいも悪いもリモコンしだい」）、すなわち「文化統制」はしばしば新興宗教において展開されたことをわれわれは知っている。それは「公共の福祉云々」という留意事項をまったく無視した文字通りの「弾圧」であったことはいうまでもない。したがって政治と政策がオウム真理教や旧統一教会と対峙する、あるいはしなければならない場合とは性格も異にするものであることは論じるまでもないのではないだろうか。

保障されなければならない信教の自由に対して、文化政策がそれを侵害することはあってはならない。しかし信徒の人たち、さらにはそれに直接関わることもない一般の人びとの暮らしや環境、さらには人生にまで被害・害悪を及ぼす宗教やそれを支援するかのような政治に対しては、断固として拒否と異を唱えるものもまた文化政策なのではないだろうか。

5　小盆地宇宙と宗教

米山俊直が提唱した「小盆地宇宙」という言葉はすでに触れた。また尾崎真理子は次のような指摘をする。少し長くなるが、引用してみよう。

山に囲まれ、分水嶺から内側に流れ落ちる雨雪の水を七つの谷を通じて盆地の底にあつめ、やがてそれは一つの方角から盆地の外へ流れ出す。盆地の底、中心には城や住居が街を成し、情報の集散が行われる。盆地の平地では稲作、山腹には棚田の開発が進み、独自の信仰が生まれる。幕末から近代に入る頃、奈良盆地に天理教、京都の亀岡盆地に大本教、岡山の小さな盆地である金光町からは金光教、岡山市では黒住教など、相次いで新興宗教が始まっている(4)。

明治国家は、近代天皇制に基づいた絶対主義体制を形成するために、「国家神道」という名の、信仰というよりむしろ祭祀中心のイデオロギーの構築に努めることになる。産土神のような土俗的信仰は、一九〇六年（明治三十九）に発令される神社合祀令が象徴するように、「国家神道」のもとに統合・収斂されていく。エコロジーと土俗的信仰の大切さを守るために立ち上がり、法令に抗して反対運動を展開した南方熊楠（一八六七－一九四一）の思いも顧慮したい(5)。

「国家神道」は、一定信仰の自由を認める形をとりながらも、「国体護持」のために国民の教育・教化政策を重視し、国語と国史をはじめ唱歌の類に至るまで事実上は奨励を越えた強制に近い「文化政策」を推進することになる。

尾崎が指摘しているような「小盆地宇宙」から生まれ来た新興宗教の十三ないし十四の宗派を、国家は「教派神道」としてそれを公認した。しかし「国家神道」に対しての信仰の自由の存在をいわんがための、衝撃緩衝材だったのだろう。年を追うにしたがって「不敬罪」（一八八〇年公布の刑法の中）や「治安維持法」（一九二五年）の制定が、その自由度をいやがうえにも狭めていくことになったのは周知の事実である。結果、「宗教弾圧」をも生むことになる。

ただ古代天皇制の発生もまた、小盆地宇宙からその端を発していたに違いないのではないだろうか。中国文学者でもあった思想家・竹内好（一九一〇－一九七七）が随所で指摘していたように「一木一草」に天皇制が存在するといわれたわが国の骨肉相食む特性がそこにはあるのだろう。頂点としての天皇制（「大きな天皇制」）が、「小天皇制」を阻もうとする行為を生むことになるのは不可避なのだろうし、とりわけ新興宗教間における葛藤は、「小天皇制」を競い合うときにそうした傾向を多分に生み出すに違いない。[6]

こうした問題（天皇制と教派神道）について考えるための一助として、日本政治思想史を専攻する原武史の「「裏」の山陽をゆく」（『「線」の思考』所収、新潮社、二〇二〇年）は興味深い。

6 文芸社会学と宗教

（1）高橋和巳と『邪宗門』

作家であり中国文学者としてもその名が著名であった高橋和巳（一九三一－一九七一）の代表作の一つ『邪宗門』の初出は一九六五年（昭和四十）一月三日号から翌年の五月二十九日号まで、『朝日ジャーナル』（朝日新聞社、

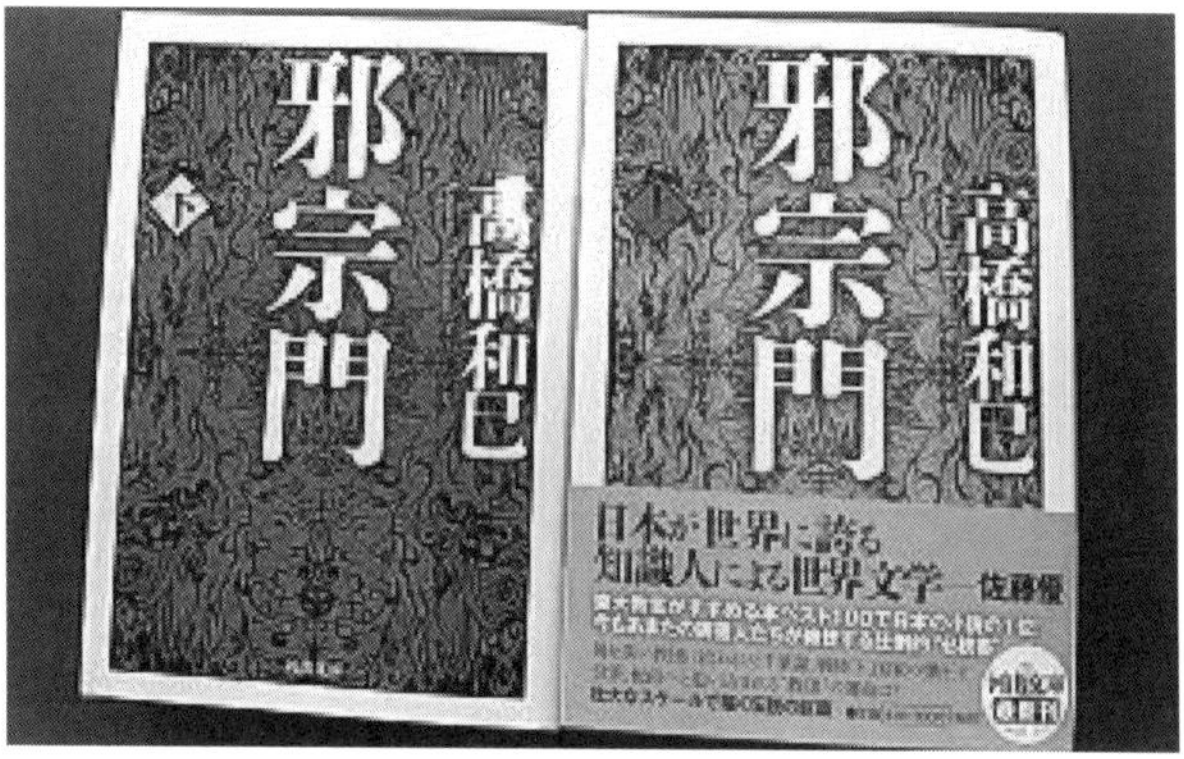

図１『邪宗門』表紙

現在は廃刊）に連載されたものである。現在は河出文庫版で入手することができる（図１）。

上下二巻、一二〇〇頁を優に超す大河小説である。この作品は、新興宗教としての教派神道に対する宗教弾圧がテーマとなっている。上に記した小盆地宇宙・亀岡の大本教に比定された「ひのもと救霊会」に対しての宗教弾圧が、特に昭和前半期に焦点を当てて、治安維持法と不敬罪に基づいた負の文化政策とともに描写される壮大な教養小説といってよいだろう。

国家神道を頂点に据えて展開される国体護持のための社会政策は、社会の隅々にまで大きな影響を及ぼす。そのような世相下で「柳田的常民」が直面する様々な葛藤をも描き込んだ労作である。そしてさらに、この作品を通して、広く日本とは何か、あるいは日本に生きるとはどういうことなのかを問いかけて止まない。

これはやはり先にも記したが、オウム真理教や旧統一教会がもたらせてきた諸問題をも現代に広く映し出す鏡となっている。そしてさらに、将来のわが国とその社会政策（宗教・文化・地域を包含する）をも予感させるような主題であるといってよいだろう。夭折の文人・高橋の泉下での願いの一つは、「宗教」を活用・悪用した「新たな戦前」を決してつくってはならないというメッセージであったと、私は信じている。

（2）親鸞生誕八五〇年の年に寄せて

二〇二三年（令和五）は、浄土真宗の開祖である親鸞（一一七三－一二六二）生誕八五〇年の年にあたる。そして親鸞の師であった法然（一一三三－一二一二）が浄土宗を開宗して八五〇年となる年でもある。実は、親鸞は三十五歳のとき朝廷によって流罪の処分を受け越後に流されている。同時期に師の法然は讃岐への流罪となり、子弟ともに宗教的弾圧を受けている。

当年（二〇二三年）は京都国立博物館で三月二十五日より五月二十一日まで、特別展「親鸞―生涯と名宝」が開催され、多くの来訪者で賑わいを見せていた。コロナ禍による規制や水際政策の緩和もあってか、三十三間堂と対峙するようにして春の風のなかでの博物館は、知ってか知らずかインバウンド観光客も少なくなかった。

その親鸞の教えを伝える『歎異抄』（一三〇〇年頃）はあまりに著名な作品となっている。これは、親鸞に師事した唯円（生没年は不詳）が、間違った師の教えの流布を危惧して正しい理解を促すために記したものといわれている。この作品もまた一つの「文芸社会学」的主題だと考えたい。この著作のなかで基調を成し、そして恐らく最も著名な一節となったものが「悪人正機説」であることは疑いないだろう。「善人なをもて往生をとぐ、いはんや悪人をや」という一文を、高校生のころに「古文」でも、多くの人は学習したはずだ。

彼自身自らがまさにそうであると考えていたと思われる親鸞のこの主張は、人が持つ両義的側面をついており、人が両義的である限り、それを司るともいえる文化もまた両義的であるということは首肯せざるを得ない。その意味においても、親鸞の思想は極めて文化（政策）的といえるのではないだろうか。教祖（親鸞をいうわけではなく、一般的な謂いとして）を全知全能と見るきわめて「宗教擬き」の信仰は、「文化」それ自身には決して寄り添うことはできない。そしてまた、『歎異抄』を通してしばしば伝えられてきた「親鸞は弟子一人ももたずさふらふ」という言葉は、親鸞自身が自ら自戒の念とともに伝えようとした、他者への優しさなのだろうかと、完全な私見として思う。

(3) 純粋経験と絶対矛盾的自己同一

この二つの概念は、周知のことかも知れないが、西田幾多郎(一八七〇－一九四五)による哲学の基本的そして基調を成す概念である。宗教について思索を巡らすときには非常に大きなヒントとなる概念であり、おそらく親鸞について考えるときにも大きな示唆を与えるであろうし、逆に親鸞のたとえば「悪人正機の説」について考察を及ぼそうとするときも、西田哲学は導きの糸となるに違いない。さらには、多様な「邪宗」の存在についても親鸞や西田の思想の存在に想いを馳せることは意義深い。

「悪人正機」と「絶対矛盾的自己同一」、「一人も弟子もたず」と「純粋経験」これらが共有する思想は、わが国の「文化政策」について考えるとき、少なくとも日本的な発想のなかで通底しているはずである。とりわけ「文化」を見詰めるという視点において、それが「経済政策」や「商業政策」では決してない以上、非常に大切な思考である。

本章では「文化政策」を一つの主題として記してきたつもりであるが、そこにおいては避けて通ることができない「両義的な存在」を据え置いた。親鸞の思想も西田哲学も人が両義的存在であるがゆえに、長い年月のなかで朽ちることなく光り続けてきた。その意味でも、親鸞の思想や西田の哲学は、わが国の文化と文化政策を考えるうえでも大きな示唆となるに違いない。しかしわが国では「文化政策」についての捉え方や考え方が変容するにしたがって、欧米発の発想が浸潤し(一部上述したが)、それがなければ始まらないというような発想が、使用しなくてもよいようなカタカナ語とともに流布してきた。

三浦展は近著の末尾で「海外からコンセプトを輸入して来ないと何かを始動しない日本人の態度が私は嫌いである」[7]という。三浦も日本人であるが、そのことはさておき私自身もこの言には同感を覚える。ただ、柳田は『遠野物語』（一九一〇年）で、そして夏目漱石は「現代日本の開化」（一九一一年）ですでに同様のことを百年以上も前に指摘していたことをわれわれは肝に銘じなければならない。また柳田と同様に経済史学者としての碩学だった内田義彦はかつて、「今時、外国の文献だけを引用したり、外国のものだけを精読して日本のものを読みとばすようなことをしているのは、外国かぶれの名残りだ」[8]と指摘していた。昨今の流行としてのＳＤＧｓやデータサイエンスの隆盛、さらにはチャットＧＰＴの横行など枚挙にいとまがない。

わが国の直近の文化についても、宗教についても「流行や模倣」にとらわれることなく再考しなければならないときが来ているような気がしてならない。そしてそれは、若い世代に残された責務でもあるだろう。本稿は、限られた紙幅のなかで大急ぎで書き殴った観が拭えない。若い読者諸氏にとって、私は「師」でもないし、諸氏は私にとって「弟子」でもない。自らの責務で、時代を「純粋経験」しながらゆっくりと歩いて行って欲しい。そのことはまた、諸氏の子や孫に大切な何かを残すための責務でもあるだろう。

（1）　梅棹忠夫『都市と文化開発』〈梅棹忠夫著作集21巻〉（中央公論新社、一九九三年）五三五－五三八頁。

（2）　この論考の初出は、一九七七年（昭和五十二）『生活学　第四冊』（日本生活学会編、ドメス出版）と思われる。その後、『米山俊直の仕事　人、ひとにあう。――むらの未来と世界の未来』（人文書館、二〇〇六年）に所収されている。

（3）　柳田の指摘については、たとえば『柳田國男全集30』（筑摩書房、二〇〇三年）に収録された「対外文化工作への直言」

（初出：一九三九年）や「たのしい生活」（初出：一九四一年）、「文化政策といふこと」（初出、同年）などを参照されたい。これらについては、拙著『反・観光学――柳田國男から、「しごころ」を養う文化観光政策へ』（ナカニシヤ出版、二〇一八年、五一‐六八頁）のなかで詳述した。

（4）尾崎真理子『大江健三郎の「義」』（講談社、二〇二二年）三八頁。

（5）井口貢『反・観光学――柳田國男から、「しごころ」を養う文化観光政策へ』（前掲書、一九〇‐二〇八頁）。

（6）「金田天皇」という言葉を聞いたことがある人は、若い人たちの間ではいないだろう。私が野球少年だった小学生のころに聞いたような俗語的言い回しではある。当時プロ野球の世界で弱小球団といわれていた「国鉄スワローズ」（現ヤクルトスワローズ）の絶対的エース・金田正一はそう呼ばれていたという。歌謡界でも企業社会でもあるいは、世間の様々な分野で「〜天皇」と呼ばれる人が少なからず存在していた。それは宗教宗派の世界でも、例外ではなかったはずだ。

（7）三浦展編『再考　ファスト風土化する日本』（光文社新書、二〇二三年）二七七頁。

（8）内田義彦『作品としての社会科学』（岩波書店、一九八一年）九頁。

あとがき

明日からすぐにでも始められる地域振興と信仰継承の第一歩は、各執筆者の健筆によって綴られた。宗教学分野で地域振興を扱うのが本書の特徴であると同時に、新しい取り組みであるがゆえに、論旨が甘いところがあるかもしれない。各界からのご批評とご指導は、編者らが謹んでお受けするが、本書が描こうとするのは、倫理のある次世代育成とそれによって支えられた地域社会の健全な発展である。このチャレンジングな発想は、既存の分野を超えて――まさに本書のタイトルのように――、各方面よりの多くの支援と指導の賜物であった。

はじめの種となったのは、日本学術振興会から基盤C科学研究費補助を受けた成果（二〇一七－二〇二一）、「伝統宗教の「次世代教化システム」の継承と創造による地域社会の活性化」（研究課題番号：17K02243、研究代表川又俊則）であった。そこで有力な研究パートナーである小林・冬月と、鈴鹿大学で同僚だった編者同志は、コロナの難局下でも励みあい、研究課題を遂行した。

そして、学識の縁が広がった。李・アルベルト・隈元・藤野らの協力を得、「宗教青年会による教化活動の継承と地域の創造――ウィズコロナ対応を視野に入れて」（研究課題番号：21H00475、研究代表川又俊則）が同科学研究補助・基盤Bにおいて採択された（二〇二一－二〇二四）。課題の視野を広げ、深掘りを進めている。

本書の終章を引き受けてくれた井口先生は、これまでも私たちの研究を理解し、日本宗教学会のパネルディカッションではコメンテーターを務めてもらった。また、編者の一人・郭の恩師でもある。

何より日々のライフワークのなかで地域社会の課題解決と向き合いつつも、なお、私たちの訪問面談や研究会での論題提供に応じてくれた地域の宗教青年たちの存在は大きかった。本書の上梓にあたり、彼・彼女らを取り巻く地域のヒト・モノ・コトに教わったことが多い。限られた紙幅のため一人ひとりを取り上げることは叶わないが、本書のコラム（稲岡・河村・韓・山川）を通して、活動の一部とそのダイナミズムを社会に発信し、次なる展開となれば幸いである。

一般読者に届けるべく、本書の刊行をいち早くご快諾いただいたナカニシヤ出版に厚く御礼申し上げる。とりわけ、編集部・石崎雄高氏による丁寧な伴走、時には叱咤激励を賜わったおかげで、より親しまれやすい内容に仕上げられた。まことに感謝の念に堪えない。

今後も知縁が広がることを願い、宗教青年と地域社会について研鑽を重ねたい。

川又俊則・郭育仁

ナ　行

ハ　行

マ　行

ヤ　行

ラ　行

サ　行

タ　行

索　引

ア　行

カ　行

島奄美大島における宗教とトランスナショナリズム」〔共著〕（『宗教研究（特集　宗教と越境）』94－2，2020年），『現代日本の宗教事情（国内編Ⅰ）（いま宗教に向きあう　第1巻）』〔共著〕（岩波書店，2018年），他。

【担当】第6章

藤野陽平（ふじの・ようへい）
慶応義塾大学大学院社会学研究科博士課程単位取得退学。文化人類学専攻。北海道大学大学院メディア・コミュニケーション研究院准教授。『台湾における民衆キリスト教の人類学——社会的文脈と癒しの実践』（風響社，2013年），『ミャンマーの民主化を求めて——立ち上がる在日ミャンマー人と日本の市民運動』〔共編〕（寿郎社，2023年），『モノとメディアの人類学』〔共編〕（ナカニシヤ出版，2021年），他。
【担当】第7章

井口　貢（いぐち・みつぐ）
滋賀大学大学院経済学研究科修士課程修了。文化政策学・文化経済学専攻。同志社大学政策学部・大学院総合政策科学研究科教授。『昭和歌謡と人文学の季節』（2023年），『深掘り観光のススメ』（2021年），『反・観光学』（以上ナカニシヤ出版，2018年），『くらしのなかの文化・芸術・観光』（法律文化社，2014年），他。
【担当】終章

▩執筆者紹介（執筆順，＊は編者）

＊川又俊則（かわまた・としのり）

成城大学大学院文学研究科博士課程単位取得退学。社会学専攻。鈴鹿大学学長。『岐路に立つ仏教寺院』〔共編〕（法蔵館，2019年），『健康を科学する実践研究』〔共編〕（大学教育出版，2018年），『近現代日本の宗教変動』〔共編〕（ハーベスト社，2016年），他。

【担当】序章〔共著〕，第１章，あとがき〔共著〕

＊郭 育仁（かく・いくじん）

同志社大学大学院総合政策科学研究科博士後期課程修了。文化政策学・観光学専攻。博士（政策科学）。静岡英和学院大学人間社会学部准教授。「観光振興における文化政策の主体性についての史的考察――豊かな日常性の構築から紡ぎだす観光と文化」（博士学位論文，同志社大学大学院総合政策科学研究科，2015年），「民際的紐帯の形成とその訪日観光振興」（『鈴鹿大学・鈴鹿大学短期大学部紀要』６，2023年），「地域観光政策をめぐって，宗教行事と地域振興の狭間に関する一考察――木之本地蔵大縁日を中心に」（『国際文化政策』３，2012年），他。

【担当】序章〔共著〕，第４章，あとがき〔共著〕

小林奈央子（こばやし・なおこ）

名古屋大学大学院文学研究科博士課程修了。宗教学・宗教民俗学専攻。博士（文学）。愛知学院大学文学部教授。『人のつながりの歴史・民俗・宗教――「講」の文化論』〔共著〕（八千代出版，2022年），『講研究の可能性Ⅳ』〔共著〕（慶友社，2020年），『響き合うフィールド，躍動する世界』〔共著〕（刀水書房，2020年），他。

【担当】第２章

冬月 律（ふゆつき・りつ）

國學院大學大学院文学研究科博士課程単位取得退学。宗教学・神道学・宗教社会学専攻。博士（宗教学）。（公財）モラロジー道徳教育財団道徳科学研究所主任研究員。『過疎地神社の研究――人口減少社会と神社神道』（北海道大学出版会，2019年），『岐路に立つ仏教寺院――曹洞宗宗勢総合調査2015年を中心に』〔共著〕（法蔵館書店，2019年），『宗教とウェルビーイング――しあわせの宗教社会学』〔共著〕（北海道大学出版会，2019年），他。

【担当】第３章

隈元正樹（くまもと・まさき）

東洋大学大学院社会学研究科博士後期課程修了。宗教社会学専攻。博士（社会学）。（公財）新日本宗教団体連合会本部事務局員。『療術から宗教へ――世界救世教の教団組織論的研究』（ハーベスト社，2018年），『情報時代のオウム真理教』〔共著〕（春秋社，2011年），「近現代の仏教における慰霊と顕彰――聖将山東郷寺の創建と展開を事例として」（『近代仏教』第17号，2010年），他。

【担当】第５章

李 賢京（い・ひょんぎょん）

北海道大学大学院文学研究科博士後期課程修了。宗教社会学専攻。博士（文学）。東海大学文学部准教授。「地域のコミュニティとしての宗教施設――東広島市福富町久芳地区の正覚寺を事例に」〔共著〕（『東海大学紀要　文学部』47，2023年），「離

次世代創造に挑む宗教青年
——地域振興と信仰継承をめぐって——

2023年12月28日　初版第1刷発行

編者　川又俊則
　　　郭育仁
発行者　中西良

発行所　株式会社ナカニシヤ出版
〒606-8161 京都市左京区一乗寺木ノ本町15
TEL (075)723-0111
FAX (075)723-0095
http://www.nakanishiya.co.jp/

©Toshinori KAWAMATA 2023（代表）
印刷・製本／亜細亜印刷
＊落丁本・乱丁本はお取り替え致します。
Printed in Japan.　ISBN978-4-7795-1762-4

◆本書のコピー、スキャン、デジタル化等の無断複製は著作権法上での例外を除き禁じられています。本書を代行業者等の第三者に依頼してスキャンやデジタル化することはたとえ個人や家庭内での利用であっても著作権法上認められておりません。

コミュニティビジネスで拓く地域と福祉

諫山正 監修、平川毅彦・海老田大五朗 編

地域や福祉の持続のカギは、コミュニティビジネスが握る！　基礎の概念整理から資金の問題、喫茶店や刑務所などの実践まで、ソーシャル／コミュニティビジネスの現状を一冊で学ぶ。

二二〇〇円＋税

深掘り観光のススメ

―読書と旅のはざまで―

井口　貢

日本観光の〝復活〟は、コロナ前への〝復旧〟であってはならない。正しい読書との相乗効果によって、知的に積極的な旅が生まれる。柳田國男の旅行論に学び、人文学的旅の可能性を拓く。

二二〇〇円＋税

オルタナティヴ地域社会学入門

―「不気味なもの」から地域活性化を問いなおす―

渡邉悟史・芦田裕介・北島義和 編著

「不気味なもの」を補助線に地域活性化の枠組みを問いなおし、フィールドから農村・地域社会のリアルに迫る、新たな地域社会学の入門書。地域活性化ではなく地域社会を考えるために。

二四〇〇円＋税

若者と地域観光

―大都市のオルタナティブな観光的魅力を探る―

杉本興運・磯野　巧 編著

だから若者はここに来るのか！「若者の街」原宿・渋谷、Jリーグ観戦、コリアタウン、ナイトクルーズからソロキャンプまで、いま若者が選ぶ場とその理由を地理学の方法論で徹底分析。

二三〇〇円＋税

＊表示は二〇二三年十二月現在の価格です。